四川省哲学社会科学重点研究基地中国酒史研究中心
网金融助力四川中小酒企产业集群化研究"（ZGJS20
西华大学2017年校重点项目"汇率变动和金融衍生品
研究"（ZW17136）

互联网金融与四川省中小酒企的融合发展

HULIANWANG JINRONG YU SICHUANSHENG ZHONGXIAO JIUQI DE RONGHE FAZHAN

罗航　张利　邵凌波　杨卓异　刘江涛　著

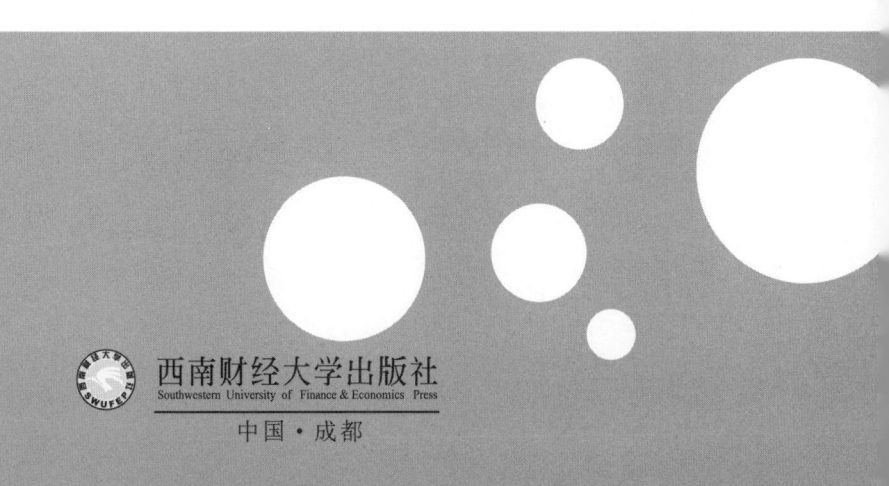

西南财经大学出版社
Southwestern University of Finance & Economics Press
中国·成都

图书在版编目(CIP)数据

互联网金融与四川省中小酒企的融合发展/罗航等著.—成都:西南财经大学出版社,2020.9
ISBN 978-7-5504-4530-7

Ⅰ.①互… Ⅱ.①罗… Ⅲ.①互联网络—应用—酿酒工业—中小企业—企业融资—研究—中国 Ⅳ.①F426.82-39

中国版本图书馆 CIP 数据核字(2020)第 168936 号

互联网金融与四川省中小酒企的融合发展

罗航 张利 邵凌波 杨卓异 刘江涛 著

策划编辑:李邓超
责任编辑:王琳
封面设计:张姗姗
责任印制:朱曼丽

出版发行	西南财经大学出版社(四川省成都市光华村街 55 号)
网　　址	http://www.bookcj.com
电子邮件	bookcj@foxmail.com
邮政编码	610074
电　　话	028-87353785
照　　排	四川胜翔数码印务设计有限公司
印　　刷	四川新财印务有限公司
成品尺寸	170mm×240mm
印　　张	9.75
字　　数	180 千字
版　　次	2020 年 9 月第 1 版
印　　次	2020 年 9 月第 1 次印刷
书　　号	ISBN 978-7-5504-4530-7
定　　价	68.00 元

1. 版权所有,翻印必究。
2. 如有印刷、装订等差错,可向本社营销部调换。

前言

在"互联网+"上升至国家发展战略背景下,如何适应客户需求、经营环境的快速变化,实现传统与创新相互促进、线上与线下相互融合、规模与特色相互协调,是所有商业企业共同面临的新课题。

近年来,互联网金融被人们熟知。互联网金融是指传统金融机构与互联网企业利用互联网技术和信息通信技术实现资金融通、支付、投资和信息中介服务的新型金融业务模式。互联网金融连续五年被写入政府工作报告。2018年的政府工作报告中提到"强化金融监管统筹协调,健全对影子银行、互联网金融、金融控股公司等监管,进一步完善金融监管",使得互联网金融的发展更加规范。

面对"互联网+"的时代浪潮和消费升级的双重挑战,中国白酒业加速洗牌,各大酒企都在寻求突围方式。四川省白酒占据中国白酒的半壁江山。数据显示,2018年,川酒实现产量358 300万升,占全国白酒总产量的41.13%。在行业整体复苏大背景下,川酒的整体经济效益也在进一步提升。2018年,以五粮液、泸州老窖、水井坊、舍得酒、剑南春、郎酒"六朵金花"为代表的名优酒企实现营业收入1 285亿元,占川酒整体营业收入的54%;实现利润284亿元,占川酒利润总额的83%。与此同时,四川省仍有200多家规模以上企业和数千家小酒企(其中原酒企业众多),只能分享余下17%的利润空间。四川中小酒企也出现了中小企业普遍出现的融资难、融资贵问题。

我们必须构建一个适应21世纪的金融体系,互联网金融就是这个时代最伟大的创举。互联网金融能够让更多的中小企业和普通的消费者获得金融服务，能帮助更多个人、小企业生存和发展。此外，互联网金融的优势在于风险可控，且效率很高。互联网金融与四川中小酒企融合发展或许会成为传统白酒企业转型的利器。

本书是编者在近年来研究互联网金融和调研四川中小酒企的基础上，对最近研究成果整理而成的。本书系统地介绍了四川省白酒行业发展面临的问题、四川省互联网金融发展现状，以及互联网金融与四川省中小酒企融合发展面临的挑战、实施路径以及未来展望。

参与本书撰写的人员有西华大学罗航、张利、邵凌波、杨卓昇、刘江涛。此外，西华大学经济学院研究生颜大为、邓亚维、郝文悦及本科生李文希、刘竹、聂冰洁协助完成了资料查找及编辑整理工作，西华大学经济学院研究生余祥波、刘波在本书撰写过程中提出了意见和建议。泸州老窖集团张良董事长在本书撰写的过程中提出了宝贵的意见和建议。

囿于编者水平有限，本书难免存在疏漏之处，恳请专家、学者批评指正，以使其日臻完善。

编　者

2020 年 6 月

目录

1 导论 / 1

  1.1 选题背景 / 1

    1.1.1 推进四川省中小酒企健康发展是四川酒企集群发展的关键环节 / 1

    1.1.2 推进四川省中小酒企健康发展是现实需求 / 2

    1.1.3 推进四川省中小酒企健康发展是供给侧结构性改革的必然要求 / 3

    1.1.4 互联网金融为四川省中小酒企发展提供了资金融通的支持 / 5

  1.2 选题的意义 / 7

  1.3 研究思路 / 9

    1.3.1 研究目的 / 9

    1.3.2 研究内容 / 10

  1.4 研究方法 / 11

2 白酒行业概述 / 13

  2.1 国内白酒行业概述 / 14

  2.2 四川省的主要大型酒企业 / 16

    2.2.1 五粮液集团有限公司 / 17

  2.2.2 泸州老窖股份有限公司／19

  2.2.3 四川水井坊股份有限公司／19

  2.2.4 四川剑南春（集团）有限责任公司／20

  2.2.5 舍得酒业股份有限公司／21

  2.2.6 四川郎酒股份有限公司／21

 2.3 **四川中小酒企概述／24**

  2.3.1 四川酒类消费的多样性导致原酒企业市场逐渐减小／24

  2.3.2 四川中小原酒企业处境艰难／24

  2.3.3 四川现有酒企业之间的竞争／25

3 **四川省白酒行业发展面临的问题／27**

 3.1 **四川白酒企业现状／27**

  3.1.1 四川品牌运营现状／29

  3.1.2 四川酒企资本运作现状／30

  3.1.3 白酒企业的出口现状／31

  3.1.4 新经济时代白酒企业的运营现状／32

 3.2 **四川白酒企业存在的问题／34**

  3.2.1 川酒出口存在的问题／34

  3.2.2 中小酒企管理存在的问题／36

  3.2.3 中小型川酒企业融资难的现状／38

4 **互联网金融概述／40**

 4.1 **互联网金融的概念／41**

 4.2 **互联网金融的发展／43**

 4.3 **国内外互联网金融研究现状／47**

  4.3.1 国内互联网金融研究现状／47

  4.3.2 国外互联网金融研究现状／47

4.4 互联网金融的特点 / 49

4.4.1 低成本 / 49
4.4.2 高效率 / 49
4.4.3 覆盖面广 / 49
4.4.4 发展快速 / 49
4.4.5 管理难度大 / 50
4.4.6 风险大 / 50

4.5 互联网金融的主要形式 / 50

4.5.1 第三方支付 / 50
4.5.2 P2P 网络借贷 / 52
4.5.3 众筹 / 55
4.5.4 数字货币 / 57
4.5.5 大数据金融 / 57
4.5.6 信息化金融机构 / 57
4.5.7 金融门户 / 58

4.6 互联网金融业态 / 58

4.7 互联网金融风险及防范 / 60

5 四川省互联网金融发展现状 / 65

5.1 四川省互联网金融企业发展现状 / 65

5.1.1 四川省互联网金融企业发展概况 / 65
5.1.2 四川省互联网金融企业的优势分析 / 65
5.1.3 四川省互联网金融企业的劣势分析 / 66
5.1.4 四川省互联网金融企业的机遇分析 / 67

5.2 四川省互联网金融融资平台面临的风险 / 67

5.2.1 四川互联网金融从业人员缺乏 / 67

5.2.2　四川互联网金融平台运营不规范 / 67

5.3　四川省互联网金融发展前景 / 68

5.3.1　环境分析 / 68

5.3.2　区域优势 / 69

5.3.3　发展远景 / 72

6　互联网金融与四川省中小酒企融合发展面临的主要挑战 / 75

6.1　互联网金融与四川省中小酒企融合发展现状分析 / 75

6.1.1　互联网金融的行业监管 / 75

6.1.2　实体经济投融资需求 / 77

6.1.3　政策扶持 / 81

6.1.4　联合发展的模式 / 84

6.1.5　认可度 / 86

6.1.6　效益逐年提升 / 88

6.2　互联网金融面临的挑战 / 91

6.2.1　互联网自身的高风险性 / 91

6.2.2　网络病毒 / 91

6.2.3　数据传输过程易入侵 / 91

6.2.4　用户权益的保障难度大 / 92

6.2.5　相关法律法规不健全 / 92

6.2.6　征信披露的数据缺漏 / 93

6.3　中小酒企发展面临的挑战 / 94

6.3.1　行业背景 / 94

6.3.2　关于企业发展的相关政策 / 95

6.3.3　同类竞争对手 / 98

6.4 互联网金融助力中小型川酒企业 / 100

6.4.1 中小企业在运用互联网金融时需要注意的问题 / 100
6.4.2 中小企业在使用互联网金融融资时面临的主要问题 / 101
6.4.3 加强对互联网金融生态系统的建设 / 101
6.4.4 以大型川酒企业为例分析川酒企业的偿债能力 / 103
6.4.5 数字化转型助力中小型川酒企业发展 / 104

7 互联网金融与四川省中小酒企融合发展实施路径 / 106

7.1 互联网金融融资模式构建 / 106
7.1.1 互联网金融模式选择 / 106
7.1.2 四川省中小酒企互联网金融融资模式行为的建议 / 112

7.2 产业集群化发展 / 113
7.2.1 集群化发展分析 / 114
7.2.2 产业集群化发展案例 / 116
7.2.3 产业集群化发展融合互联网金融的必要性 / 117
7.2.4 产业集群化发展策略 / 117
7.2.5 中小酒企集群化发展实现模式 / 118

7.3 产业互联网金融平台 / 119
7.3.1 平台发展模式比较 / 120
7.3.2 四川省中小酒企产业互联网金融平台设计 / 123

7.4 互联网金融风险管理 / 125
7.4.1 四川省中小酒企融资风险的成因 / 125
7.4.2 四川省中小酒企融资风险的表现形式 / 127
7.4.3 四川省中小酒企融资风险的防范措施 / 128

8 互联网金融与中小酒企融合发展展望 / 130

8.1 互联网金融发展展望 / 130

8.1.1 互联网金融的移动支付系统 / 130
8.1.2 互联网金融的区块链技术 / 131
8.1.3 基于大数据的融资业务蓬勃发展 / 132
8.1.4 互联网金融的新特征和面临的挑战 / 133

8.2 中小酒企的现有困境和发展展望 / 134

8.2.1 中小酒企的现有困境 / 134
8.2.2 中小酒企的发展展望 / 135

8.3 互联网金融和中小酒企融合发展展望 / 139

8.3.1 互联网金融和中小酒企融合发展在市场营销上的拓展 / 139
8.3.2 互联网金融和中小酒企融合发展在企业融资上的拓展 / 142
8.3.3 川酒产业互联网金融与文化和旅游产业融合 / 143

1　导论

四川作为重要的白酒生产基地，既有名优酒企，也有大量的中小酒企。四川白酒产量一直位于国内前三名。2016年，中国白酒产量（折算为65度）大约是1 358 360万升，比2015年增长了3.23%。而四川省以402 670万升的白酒生产量获得了第一名，比2015年增长了8.6%。由此可以看出四川白酒对中国白酒的重要性。但是，四川白酒企业也面临很多问题，其中最严重的是中小酒企的无序竞争。伴随四川对中小酒企发展的重视、供给侧结构性改革的深入和互联网金融的不断发展，中小酒企的发展迎来了机遇。

1.1　选题背景

1.1.1　推进四川省中小酒企健康发展是四川酒企集群发展的关键环节

2017年，我国规模以上白酒企业实现酿酒总产量1 198 060万升，同比增长6.86%；销售收入达5 654.42亿元，同比增长14.42%；利润总额为1 028.48亿元，同比增长35.79%。从全国范围看，全国酒类产业依然处在一个高速增长时期，具有很大的发展潜力。而四川的四大酒企（五粮液、泸州老窖、水井坊和舍得酒业）2017年营业收入也有大幅增长。宜宾市的五粮液：2017年实现营业收入301.867 8亿元，同比增长22.99%。泸州老窖：2017年实现营业收入103.948 7亿元，同比增长20.5%。成都市的水井坊：2017年实现营业收入20.483 8亿元，同比增长74.13%。射洪市的舍得酒业：2017年实现营业收入16.384 4亿元，同比增长12.1%。而与之形成鲜明对比的是四川中小酒企的没落。2018年，4家来自泸州市和宜宾市的中小酒企（泸州市香满楼酒业有限公司、泸州市五州醉酒业有限公司、宜宾宜福酒业有限责任公司、四川省古蔺奢王府酒业有限公司）都出现了资金链断裂的现象。伴随中小酒企的没落，酒类行业的集中度也在持续提升。处于优势地位的酒业龙头企业也在迅速抢占中小酒企的市场份额，这使得中小酒企的处境更加艰难。面对这一状况，四川省政府采取了以下措施：

（1）为了打开国际市场、提升产业整体竞争力和国际知名度，四川省政府于2008年提出了"中国白酒金三角"（川酒）集群品牌的发展战略。但当前集群内面临企业无序竞争、产业融合不足、文化结构失调等问题，集群发展已出现疲软态势。同时，四川酒企在品牌塑造上缺乏认知，不切实际地复制其他品牌的推广方式，给整个行业带来了不小的品牌损失。正如原四川省委常委、省直机关工委书记曲木史哈在优质白酒产业振兴发展培育工作推进会上所言，各地方党委、政府和省直部门要清醒地认识到四川省白酒产业发展中存在的问题、面临的挑战，进一步增强创新能力，开展跨区域合作，强强联合，形成川酒联合竞争优势格局。

（2）四川省政府《关于推进白酒产业供给侧结构性改革加快转型升级的指导意见》提出，中小酒企集团化发展包括支持省属国有企业参与川酒企业培育和组建大集团，加强二、三线品牌企业培育，进行年度动态管理；支持重点产区组建原酒产业集团，打造原酒品牌，提升原酒品牌化率，增强议价能力。

中共四川省委十一届三次全会提出，优先发展名优白酒千亿元级产业，高质量打造"中国白酒金三角"（川酒），推动川酒振兴就是对白酒产业支柱地位的进一步加强，利用数字经济和协同发展战略，带动白酒产业中心城市及附近城市区域协同发展。

2018年6月，《中共四川省委关于深入学习贯彻对四川工作系列重要指示精神的决定》和《中共四川省委关于全面推动高质量发展的决定》指出，将优先发展名优白酒千亿元级产业、推动川酒振兴、打造世界级白酒产业集群。这两个决定是中共四川省委十一届三次全会对四川白酒产业集团化发展的深化。随着四川酒企集团化发展成为四川决策层的统一认知，实现四川酒企集群化发展成为实现四川酒企发展的关键。

1.1.2　推进四川省中小酒企健康发展是现实需求

白酒消费市场被认为是最具竞争力的消费品市场之一。随着啤酒、果酒、葡萄酒等替代白酒行业的快速发展，白酒企业的生存压力越来越大。白酒产品的差异化程度和进入门槛较低，给许多潜在进入者提供了参与的机会，消费者的理性消费观念逐渐成熟，这对白酒产品提出了更高的要求。外资的逐步进入带动了白酒市场的不断变化,在增塑剂的干扰和"三公"消费的限制下,高档白酒的数量和价格都有所下降。白酒行业已从快速扩张时期进入调整期。在这种环境下,各地中小型葡萄酒企业面临的压力更大。白酒行业规模经济程度较低,酿造技术门槛较低,中低端白酒的差异化水平较低。几年前,该行业的高额利润吸引了许多投资者纷纷进入白酒行业。同时,大型白酒企业在关注中高档白酒市场的同时,也为一些中小企业进入中低档白酒市场留下了发展空间,白酒行业企业数量增加,竞争加剧。在白酒市场上,除一些大型企业借助自身强大的实力和长期的文化创造出自己的特色产品外,许多中小白酒企业受资源和能力的限制,难以开发出差异化的产品。

在白酒市场竞争激烈的同时,四川中小白酒企业的经营战略和思路存在问题。从表面上看,中小企业在转型中面临的最大问题是资金,实际上是经营者的思路。许多酒企高管认为,经营者找不到核心竞争力,难以预测行业的发展趋势,盲目扩张、追求利润,这样的企业有可能面临财务困难。与前五年相比,当前的融资环境发生了很大变化。过去是银行主动与白酒企业商谈融资问题,现在是银行"回避原来的白酒企业"。正如川酒发展研究中心学术委员会副主任杨柳说,这是四川中小酒企融资状况的真实写照。四川中小酒企的资本问题将明显影响中小酒企的营销战略和企业战略。在融资约束条件下,四川中小酒企在制定企业战略和确定企业营销战略时会比较保守。保守的营销策略会使中小酒企在与大企业的竞争中显得更加被动,同时,中小酒企在组织结构和制度创新方面也相对消极。当然,四川中小酒企盲目扩张,不考虑转型也是造成这种局面的重要原因。中小酒企经营战略失误和中小酒企资金不足是两类互为因果的问题。对中小酒企的盲目财政支持,只会鼓励中小酒企继续盲目扩张。网络金融的出现将在一定程度上解决这一矛盾。互联网金融通过先进的信息技术来识别那些状况良好的中小葡萄酒企业,同时在中小酒企制定企业战略时给予指导,以保证资金安全。

1.1.3 推进四川省中小酒企健康发展是供给侧结构性改革的必然要求

2015年11月,中央提出着力加强供给侧结构性改革以来,"三去一降一补"五大任务,即去产能、去库存、去杠杆、降成本、补短板五大任务稳步推进,我国产业结构优化升级持续加快,经济发展质量效益不断提高。随着供给侧结构性改革的深入,改革也在金融领域迅速展开。习近平总书记在中共中央政治局第十三次集体学习时,强调正确把握金融本质,深化金融供给侧结构性改革，平衡好稳增长和防风险的关系，精准有效地处置重点领域风险，深化金融改革开放，增强金融服务实体经济能力。

2016年6月，四川省委、省政府联合印发《四川省推进供给侧结构性改革总体方案》（以下简称"《方案》"），明确78项重点任务和责任分工。《方案》明确指出，将以"三去一降一补""一提一创一培"（提质量、创品牌、培育新动能新动力）为抓手，推动供给结构性改革。2019年5月30日，四川省人民政府办公厅印发了《四川省2019年推进供给侧结构性改革工作方案》（以下简称"《工作方案》"），强调要进一步降低实体经济成本、加快去除落后产能和过剩产能、聚焦重点领域补短板、防范化解重大风险。

四川中小酒企作为过去四川劳动密集型产业、经济粗放式发展的产物，必然是四川供给侧结构性改革的对象之一。供给侧结构性改革的根本要义是推动实体经济的健康发展。四川中小酒企作为四川实体经济的组成部分，面对经济新常态，必须在加快去除落后产能和过剩产能方面有所作为。

作为全国最大的白酒基酒生产基地，国内白酒市场有60%以上的原酒来自四川。其中，原酒是指以粮谷为原料，用大曲、小曲或麸曲及酒母等作为糖化发酵剂，经蒸煮、糖化、发酵、蒸馏而成，未添加非白酒发酵产生的呈香、呈味物质，可以作为白酒基酒和调味酒使用的白酒。进入2000年以后，四川出现了以宜宾高洲为代表的一批原酒企业，并形成以邛崃、大邑、崇州、蒲江为代表的川西原酒与以泸州、宜宾为代表的川南原酒两个集群。原酒企业一度多达数千家。然而，2013年以后，原酒企业生存环境逐渐走向低迷，甚至连高洲这种巨无霸型企业也陷入了财务危机，一度濒临破产的地步，不得不多方融资、艰难寻求转型。2017年以后，白酒行业整体出现复苏，但经历了行业震荡后，原酒企业仍然没能走出困境。

某四川酒企高管表示，原酒企业目前的一个显著特点是两极分化加剧。"一部分大的原酒企业发展越来越好，这类企业完成了在原酒的生产技术、供应链配套等环节的升级，成为一些省外知名酒企的基酒的固定供应商；而一些小的原酒企业一般只能和省外的中小品牌酒企合作，这些中小品牌酒企的日子也不好过，有些酒企一年的营业额只有几千万元到一亿元，未来这种企业慢慢就会消失掉，连带着给它们供货的原酒企业也会跟着死掉。"一位业内人士告诉《酒业家》记者，他在近期走访白酒产区时听到了一个令人吃惊的数据，目前邛崃、大邑、崇州、蒲江一带有2/3的原酒企业处于停产或半停产的状态，即使开工也是接一些零星订单。而在某酒企高管看来，低端原酒企业的

"死亡潮"仍然没有过去,在消费需求紧缩和市场进一步饱和的现状下,如果没有及时转型成功,低端原酒企业仍然面临"死亡威胁",将会有40%~50%的低端原酒企业面临关停的风险。

中小酒企的"死亡潮"现象是经济结构转型时期的阵痛。过去,四川中小酒企粗放式的发展使得中小酒企鱼龙混杂,恶性竞争,忽视产品品质。面对经济新常态和新的市场环境,过去粗放式的中小酒企很难从中获得生存空间。因此,促进中小酒企发展成为四川实现经济转型、转变经济发展方式的重要组成部分。

1.1.4 互联网金融为四川省中小酒企发展提供了资金融通的支持

互联网金融是指传统金融机构与互联网企业利用互联网技术和信息通信技术实现资金融通、支付、投资和信息中介服务的新型金融业务模式。互联网金融不是互联网和金融业的简单结合,而是在实现安全、移动等网络技术水平上,被用户熟悉接受后(尤其是对电子商务的接受)自然而然为适应新的需求而产生的新模式及新业务,是传统金融行业与互联网技术相结合的新兴领域。互联网金融与传统金融形式相比,最重要的是解决信贷双边信息不对称的问题。中小企业是互联网金融兴起的最大受益者。中小企业与国有企业和大型企业相比面临更大的融资约束,贷款难、贷款贵问题依然突出。其主要原因是中小企业财务状况混乱,无法提供相关财务报告,因此传统的金融结构无法判断中小企业的经营和财务状况,不会冒险去为这些中小企业提供贷款。经营状况良好的中小企业因为金融结构的逆向选择、道德风险不会获得足够的贷款,因而中小企业的发展受到了限制。伴随互联网金融的发展,信息不对称问题得到了部分解决。中小企业的融资约束问题得到了部分解决,中小企业的发展限制得到了缓解。同时,互联网金融服务的主要对象是中小企业。因此,中小企业的贷款难、贷款贵问题因互联网金融的出现而得到一定程度的解决。四川中小酒企作为四川中小企业的重要组成部分,可以借助互联网金融的大潮缓解企业资金短缺的问题。

2013年11月,党的十八届三中全会《中共中央关于全面深化改革若干重大问题的决定》提出,要发展普惠金融,鼓励金融创新,丰富金融市场层次和产品。这一规定被广泛解读为互联网金融首次正式进入决策层的视野。互联网金融由于其技术优势,对于中小企业的金融扶持作用更加明显,在互联网金融基础上发展起来的互联网普惠金融将会在信贷技术革新、服务中小企业上发挥更大的作用。2014年8月，上海《关于促进本市互联网金融产业健康发展的若干意见》是全国首个省级地方政府促进互联网金融发展的意见。该意见明确提出，鼓励有条件的企业在上海市发起设立以互联网为主要业务载体或以互联网业务为主要服务领域的各类持牌金融机构，支持电子商务平台等大型互联网企业在本市设立小额贷款、融资担保、融资租赁、商业保理等新型金融企业，支持持牌金融机构向互联网金融领域拓展转型。2015年7月，《中国人民银行 工业和信息化部 公安部 财政部 工商总局 法制办 银监会 保监会 国家互联网信息办公室关于促进互联网金融健康发展的指导意见》出台。在此前后，多个地方政府也出台了鼓励或支持互联网金融发展的政策。其中，四川省委常委会以及经济工作会议多次强调要促进金融更好地服务实体经济，优化间接融资结构，大力发展直接融资，持续降低中小微企业的融资成本，要深化金融改革创新，推进科技金融服务创新和自贸试验区金融开放创新，加大金融扶贫力度，加快构建绿色金融服务体系，促进金融更好地服务实体经济，降低中小微企业融资成本是互联网金融发展的一个方向。

四川白酒市场基本由大型企业占领，而中小微型酒企所能分割的市场增长空间受限。其原因在于，四川白酒企业产业集中度低，区域内中小型白酒企业竞争白热化的问题愈演愈烈，严重挤压中小型白酒企业的发展空间。四川中小酒企集群化发展和品牌化发展需要资金的支持。但银行等金融机构不愿贷款给这些中小酒企。在图1.1中，由于金融机构对中小酒企财务状况缺乏了解，因而，金融机构主观上只能将中小酒企的项目放在风险收益匹配线的右边，即风险大于收益；而在互联网金融出现之后，因金融机构有强大的信息抓取能力和云计算能力，一些低风险、高收益的中小酒企优质项目被发现，因而此时中小企业的项目又回归到风险收益匹配线的左边，即收益大于风险。在这一过程中，互联网金融起着关键的作用。互联网金融的主要贡献是解决信贷双方的道德风险和逆向选择问题。道德风险是指在信息不对称的条件下，不确定合同或不完全合同使得负有责任的经济行为主体不承担其行动的全部后果，在最大化自身效用的同时，做出不利于他人行动的现象。逆向选择是指市场的某一方如果能够利用多于另一方的信息使自己受益而使另一方受损，倾向于与对方签订协议进行交易的行为。

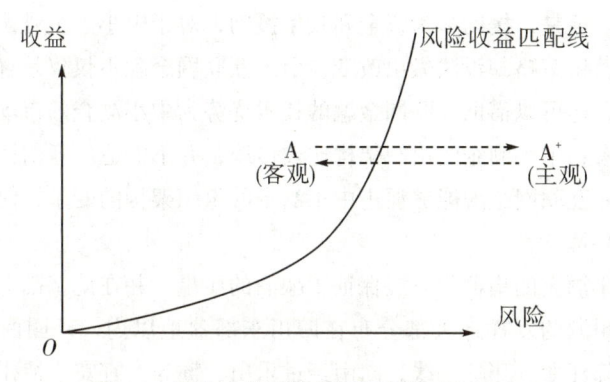

图 1.1　风险—收益信贷匹配的偏离和回归

1.2　选题的意义

中共四川省委十一届三次全会上提出的优先发展名优白酒千亿元级产业的指导思想是四川酒企集群化发展。但是，在实践过程中其效果却不尽如人意。首先，四川酒企集群化发展并不只是简单地整合酒企那么简单，而是要在整合酒企的基础上，与酒类其他产业融合发展，形成产业群。而现有的整合远没有达到这种效果。其次，中小企业在整合过程中的资金不足也是一个问题。高效地吸收民间投资是在整合过程中的又一挑战。而新兴的互联网金融能在中小酒企整合过程中为其提供资金支持。引入互联网金融具有以下意义：同步推进中小酒企整合以及与其他酒类产业的融合发展，摆脱传统意义上"为整合而整合"的现象；带动民间资本的进入，不再是政府资本"单枪匹马"进入酒类行业，促进中小酒企可持续发展；互联网金融的介入既拓宽了中小酒企的融资渠道，也丰富了中小酒企整合的内涵，推进中小酒企与互联网的融合发展。

理论创新是社会实践创新的前提。中小酒企的发展理论主要是集群化发展，但是其配套措施并不成熟。正如茅台镇白酒产业集群发展较差，加之中小酒企没有资金提供技术创新支持，导致本地产品雷同、质量低下，从而使茅台镇白酒产业群难以扩大规模。而早在2008年，中国人民银行遵义市中心支行调研组就提出金融支持酒企集群化发展的观点，引入互联网金融，创新了中小酒企产业集群化过程中小酒企的融资理论。同时，互联网金融解决的不仅是信息技术水平不足的问题，也凭借其信息技术优势解决了困扰中小酒企融资不足的问题。因而，中小酒企需要借助中小酒企产业集群化中的政策支持获得政策方面的援助。但是，援助多为资金和政策援助，对于中小酒企错误的市场定位以及较差的营销策略却没法做出改变。引入互联网金融不仅仅是解决中小酒企的融资问题，还可以借助互联网金融的技术优势为中小酒企的市场定位和营销策略提供参考；中小酒企的组织架构比较传统，并不能适应新的社会环境和市场环境，引入互联网金融能够促进中小酒企的组织架构的变革，使其更好地适应新的市场环境。

　　四川中小酒企的集群化发展保证了酿酒的质量，并在此基础上促进了旅游业的发展。川酒的发祥地大都分布在四川东部盆地以内，外圈西起广元、江油、绵竹、都江堰、邛崃一线，向南经过乐山、犍为、宜宾、泸州、合江，向东延伸至重庆、涪陵、万县和云阳；内圈西起绵阳、德阳、广汉、成都、彭山、眉山，南过荣县、自贡、富顺，东连合川、广安、渠县乃至达县，呈"U"字形分布，构成一条绵延千里的川府酒乡旅游资源带。因而四川酒乡旅游资源是比较丰富的。集群品牌优势的创建和地域文化的推广需要切实可行的企业品牌战略，发展镇域经济需要资金支持，同时也离不开当地政府的支持。四川中小酒企借助四川丰富的酒文化旅游资源，打造服务于全国的川府酒乡旅游资源带。但是，在建设川府酒乡旅游资源带的过程中，资金不足、营销手段少以及市场定位不准确的问题突出。引入互联网金融，在一定程度上缓解了四川中小酒企融资难的问题，同时，互联网金融机构通过信息技术为四川中小酒企的市场定位提供数据支持。中小酒企在市场营销的过程中无法整合信息流、商流、资金流、物流，在整个营销过程中处于劣势地位。而互联网金融机构为了及时收回贷款会主动帮助中小酒企建立起信息流、商流、资金流和物流。

　　四川中小酒企集群化发展在一定程度上能够促进酒乡文化以及酒类文化的发展，并在互联网的基础上运营酒类文化附属产品。文化产品可以分为文化实体和文化虚体。文化实体是指具有文化内涵的产品实体，比如日本动漫的周边产品、故宫博物院的周边产品等；文化虚体是指借助文化概念的宣传，促进主体产品的销售，比如李白酒借助对李白的诗仙概念的宣传获得了销量的提升。文化产品的开发需要注重两个方面：频次和规模。社会大众对于文化产品的认知需要文化产品发行方不断地宣传其文化概念和文化内涵。文化产品的宣传频次较多，需要投入的资金越多，这对存在融资约束的中小酒企是非常困难的。引入互联网金融，借助互联网金融机构的关系网寻找一些优秀互联网企业帮助中小酒企策划宣传方案。互联网上的宣传成本是比较低的，频次越多，在互联网进行宣传的边际成本就越低。互联网金融构建的关系网为中小酒企的发展提供了支持。同时，中小酒企引入互联网金融具有很强的示范效应。互联网金融的巨大技术优势能够为实体经济中的中小企业提供比较合理的融资支持。中小酒企和其他中小企业所遇到的困难是十分相似的，包括资金不足、运营不善、营销手段少等问题。中小酒企在互联网金融的助力下解决企业的融资问题可以为其他中小企业借助互联网金融提供借鉴。

中小酒企借助互联网金融推动其整合发展为其他中小企业融资问题的解决提供了新的范例。当前，中小企业贷款贵、贷款难是一个普遍现象。一般业界将这种现象称为融资约束。企业的融资约束是基于 Modigliani 和 Miller（1958）有效市场假说提出的，即在资本市场上，外部的资本价格和内部的资本价格一致，且企业的决策不受企业的财政状况影响，此时不存在融资约束①。在中国的经济社会中，中小企业存在明显的融资约束②。中小企业存在融资约束的一个重要原因是信息不对称③。信息不对称问题增加了企业交易成本，高成本会导致企业出现融资约束，即企业外部融资成本和内部融资成本存在的差额大于0。信息不对称是银行不愿贷款给中小企业的重要原因。当前，银行信贷依然是中国信贷的主要形式，中小企业的重要融资渠道也是银行信贷。互联网金融解决了信息不对称问题，使得互联网金融在解决中小融资约束问题更具有优势。中小酒企借助互联网金融实现融资目标，为其他中小企业寻找新的融资方式提供了一种范式。

1.3 研究思路

1.3.1 研究目的

在推进四川中小酒企发展的同时，推进中小酒企与其他产业的融合发展显得尤为重要；同时，在推进四川中小酒企发展的过程中，其融资约束问题也日益突出，而互联网金融的兴起恰好能为处在整合期的中小酒企提供资金支持。因而，研究互联网金融如何助力四川中小酒企产业集群化的目的如下：

（1）不是简单整合四川中小酒企，而是推进相关产业的融合发展。例如，

---

① MODIGLIANI F, MILLER M H. The cost of capital, corporation finance, and the theory of investment: Reply [J]. American Economic Review, 1959, 49 (4): 655-669.
② 赵子铱，张馨月. 互联网金融发展能缓解中小企业的融资约束吗？ [J]. 东岳论丛, 2018, 39 (10).
③ MYERS S C, MAJLUF N S. Corporate financing and investment decisions when firms have information that investors do not have [J]. Social science electronic publishing, 1984, 13 (2): 187-221.

在整合中小酒企的基础上,推进中小酒企与当地旅游业的融合发展。相关产业与旅游业的融合发展是大势所趋。区域旅游业的发展,不仅受区位条件、资源禀赋以及社会经济发展水平影响,还对区域内相关产业具有关联带动作用。东部沿海地区和中心城市,旅游业与工商贸的融合拉动了商业和贸易的发展,通过旅游购物拉动消费、扩大内需,实现社会经济的高速增长;中部历史文化大省通过旅游业与历史文化产业的融合,传播中华文化和文明、带动文化产业发展;中部自然景观资源大省通过旅游业与自然环境保护的融合,推动我国国土资源保护和生态环境保护,实现自然生态的可持续发展;广大沿边省区通过旅游业与边境贸易的融合,推动沿边省区经济贸易的发展。

(2) 调动民间参与的积极性。酒企的整合必须立足当地、扎根当地,在当地形成文化,推动当地经济的发展。与此同时,在中小酒企整合的过程中,政府资本不应该唱主角,应该让位于民间资本。同时,在营销过程中,可以运用互联网,提高整体营销效率。与政府投资相比,民间资本与中小酒企的接触面更广,对于中小酒企的经营状况更了解,也有更多的手段去了解中小酒企的经营状况。党的十八大以来,党中央强调市场在资源配置中起决定性作用。在中小酒企的投资中,与政府投资相比,民间投资的效率更高。同时,民间资本更容易扎根地方,发展地方经济,拓宽地方融资渠道。

(3) 利用互联网金融的发展,为中小酒企整合提供资金支持。中小酒企因产量规模以及市场信息不对称问题而无法轻易从银行获得融资。在互联网金融的助力下,民间资本借助互联网金融的科技手段可以更加有效地为四川中小酒企提供资金支持。

1.3.2 研究内容

本书以四川中小酒企整合形成的产业集群为研究视角而展开,探索互联网金融环境下四川中小酒企整合的途径。四川中小酒企整合形成的产业集群的目标是形成"区域品牌",带动区域内其他相关产业的发展。其中,区域品牌是指在某个区域范围内形成的以产业集群为依托、具有较强生产能力、较高市场占有率和影响力的产业或产品的地理标志。虽然这一战略在政府层面早已提出,但是民间的反应以及建设的效果都不尽如人意。在中小酒企整合的过程中,如何带动民间投资成了关键。同时,中小酒企在整合过程中面临的资金不足问题依然突出。而互联网金融的引入能够更快捷、方便地为中小酒企贷款。

目前,四川中小酒企大多缺品牌、缺资本、缺营销网络以及缺人才等。真正经营得很好的中小白酒企业较少。目前,泸州老窖、郎酒等知名酒企发展迅速，抗风险能力较强，但是二、三线的酒企则面临政策调整、规模技术影响、环保严格要求、消费需求变化、利润空间遭到挤压、营销方式守旧、市场拓展困难等困境和危机。例如，泸州白酒产区虽然有很多好酒，但是对于中小型白酒企业而言，以现有的条件单独去发展经销商、拓宽渠道、建立营销网络将困难重重，随着竞争的日益加剧，品牌越来越集中化，未来将陷入更大困境。而将这些企业整合起来，一起提高产能，以全新的模式整合消费者、经销商、终端，可以创造更大的价值，同时也可提振泸州市场白酒经销商的信心。为此，由泸州市政府控股93%的川酒集团将以泸州为中心整合中小白酒企业。组建川酒集团是为了适应市场的变化，也是为了在泸州形成"第三酒企"，与泸州老窖、郎酒三足鼎立，齐头并进，加快泸州酒业大发展。川酒集团将构建生产、销售两大平台体系，提供从原料采购到终端销售的全产业链服务。具体而言，生产平台可以提供原料采购、质量监控、生产管理、融资担保等服务；销售平台打造垂直电商营销模式、名酒荟营销模式、酒庄酒营销模式、传统营销模式四种模式。而加入川酒集团，可带来提高企业档次、提升企业知名度、提供要素保障、降低企业成本四个方面的益处。未来将以"抱团发展，服务指导，平台共享"的发展思路，克服中小酒类企业存在的薄弱环节，搭建一个大型的、具有影响力的平台，把川酒品牌、文化进行资源整合，促进产业升级、品牌升级、营销升级，充分发挥川酒产区优势、原产地优势、质量优势，实现抱团发展、合作共赢。川酒集团的成立在一定程度上加快了四川中小酒企的整合进度，但是这还远远不够。中小酒企的整合和发展是一个长期且艰巨的任务。在此基础上，中小酒企的整合和发展还需借助其他外界力量。面对新的市场环境，面对中小酒企融资困难的现状，互联网金融是一个值得期待的解决方案。互联网金融机构不仅仅是解决中小酒企在发展过程中的融资问题，还是在与中小酒企的合作中为中小酒企在电子商务环境下提供新的营销方式。

1.4 研究方法

（1）规范研究与实证研究相结合。拟用权变理论分析互联网金融与中小酒企业融合发展的有效性，运用厂商理论分析在互联网金融环境下中小酒企整合过程中的产量均衡问题。

权变理论又称情境理论。权变理论认为，领导的有效性不是取决于领导者不变的品质和行为，而是取决于领导者、被领导者和领导情境三者的配合关系，即领导的有效性是领导者、被领导者和领导情境三个变量的函数。在政府指导下的中小酒企的整合能否有效地推动四川中小酒企的发展需要政府执行者、被执行者以及情景环境的配合。

厂商理论是研究影响资源配置和分配的厂商行为的理论，是微观经济学的组成部分。厂商是市场经济中生产组织的基本单位，主要是指个体工商户、合伙公司、股份公司等。生产相同产品的同类厂商组成一个行业。生产酒类产品的同类厂商组成酒行业。在市场环境下，同类厂商构成了竞争关系。在四川中小酒企整合和发展的过程中，各个中小酒企的恶性竞争需要克服。监管部门需要协调好各个中小酒企的利益，避免不必要的损失。

（2）生命周期分析法。运用生命周期分析法评价中小酒企整合产生的产业群物质的消耗以及环境影响，从而研究产业群的可持续发展问题。同时，研究互联网金融在中小酒企整合的整个生命周期中所发挥的作用。可持续发展一直是企业发展的重要课题。运用生命周期理论，分析中小酒企在整个生命周期资源的消耗以及环境影响，分析中小酒企如何降低在整个生命周期资源的消耗。

（3）大样本抽查与典型调查结合。采取大样本抽查调查中小酒企的生存状况，了解中小酒企经营的真实状况，为下一步整合做准备。同时，采用典型调查，采访一些典型中小酒企，比如对与互联网金融企业保持密切联系的中小酒企进行分析。

总之，本书将以更加宏观的视角去审视互联网金融与四川中小酒企的融合方式和途径，试图去解决四川中小酒企在发展过程中遇到的各种问题。四川中小酒企如果要在酒类市场获得一席之地，需要解决自身所面临的融资、市场营销能力不足等问题。这些问题仅靠四川中小酒企自身来解决显然是不行的，需要借助互联网金融的技术优势来解决。

2 白酒行业概述

　　四川白酒的产量占据中国白酒产量的半壁江山。数据表明，2018年，川酒产量为358 300万升，占全国总产量的41.13%。在中国酒类行业整体复苏的大背景下，川酒的整体经济效益也在进一步提高。2018年，五粮液、泸州老窖、水井坊、剑南春、舍得酒、郎酒"六朵金花"实现营业收入1 285亿元，占川酒整体营业收入的54%；实现利润284亿元，占川酒利润总额的83%。200多家规模以上的企业和数千家中小酒企只能分享余下17%的利润空间。同时，投资者对于白酒产业不再像以前那么乐观。有川内酒行业人士对记者表示，以前都是银行主动找白酒企业谈融资，现在银行都是躲着原酒企业走，一些酒企只能借高利贷艰难运营。四川属亚热带季风气候，风微雨多，加之地处盆地，有利于酿酒微生物生长，使得四川成为我国浓香型原酒的主要产地。四川的原酒主要有浓香型和酱香型两种，尤其是浓香型原酒占全国产量的80%。资料显示，四川原酒的集群效应初显于20世纪80年代末，兴盛于90年代。仅川西的邛崃市就曾有上千家酒企，年销售原酒30 000万升，被中国食品工业协会命名为"中国最大白酒原酒基地"。大邑县被中国食品工业协会命名为"中国生态食品建设基地"。崇州市被中国食品工业协会命名为"中国传统白酒原酒生产基地"。2002年以后，国家税收政策调整和行业政策调整给四川原酒企业的发展带来了较大的冲击，近千家原酒企业相继破产。而川南原酒由于近年来五粮液、泸州老窖等不断发展，原酒需求量不断增加，川南原酒获得销量与价格的双丰收。经过20多年的发展，四川原酒产业品牌效应逐步显现，已在全国白酒市场形成"川浓贵酱"的产区香型认知。但是，目前四川原酒生产企业仍以中小型企业为主，存在品牌力量不强，附加值较低，质量难以形成统一标准，抗风险能力较弱等不足。四川原酒产品附加值与其在全国市场中的重要战略地位还不相称[①]，打造四川原酒整体品牌，促进酒企集群发展，实施品牌化战略，提高四川原酒产业的经济效益已成当务之急。

2.1 国内白酒行业概述

我国有着悠久的酿酒历史，是世界上最早酿酒的国家之一。白酒是我国特有的酒种，具有悠久的历史和独特的民族文化内涵。当前，随着生活水平的不断提高，人们的白酒消费观念逐步改变，健康饮酒、理性饮酒的消费理念逐渐深入人心。在白酒消费的选择上，消费者的品牌意识、健康意识逐步增强。相关专家认为，未来 5 年我国白酒市场的规模将达万亿元级，白酒企业面临新的增长动力，白酒行业已经迎来了新的发展机遇。

据国家统计局的数据，2016 年全国规模以上白酒企业完成酿酒总产量 1 358 360 万升，同比增长 3.23%。1 578 家规模以上白酒企业，其中亏损企业有 113 家，企业亏损面为 7.16%。规模以上白酒企业累计完成销售收入 6 125.74 亿元，与 2015 年同期相比增长 10.07%；累计实现利润总额 797.15 亿元，与 2015 年同期相比增长 9.24%；亏损企业累计亏损额为 10.54 亿元，与 2015 年同期相比下降 15.92%。据海关总署的数据，2018 年白酒商品累计出口总额为 4.69 亿美元，同比增长 4.34%；累计出口白酒数量为 1 610 万升，同比下降 0.73%。销售收入增长、利润总额增长、亏损下降接近或超过两位数。2003—2012 年被称为中国白酒"黄金十年"发展期。这一时期，中国白酒虽然经历了经济下行、行业持续调整和消费背景、环境、政策的变化，但白酒产业依然保持了相对稳定的增长，这也客观反映出白酒在广大消费群体中的刚性需求。在产业发展过程中，市场从品质、口感、包装、度数等方面都对白酒行业提出了新的发展需求。中国白酒行业在经历长达十年的高速增长后，2013 年开始进入调整期，导致行业调整的因素包括经济增速下滑、"塑化剂"风波、限制"三公"消费等。种种问题蜂拥而至，行业前景较为悲观。定制酒或将成为白酒行业的突破口。在竞争日趋激烈的白酒市场中，定制酒一直被认定为酒企探索差异化消费的另一条路径。众多酒企纷纷瞄准"定制酒"市场，因为它满足了消费者既要"面子"又要"里子"的需求，要"面子"就是一定要高大上，要名酒；要"里子"就是一定要价格便宜，所以直接向酒厂定

---

① 任泽娟，彭煦，王敏. 酒类电商企业发展现状分析 [J]. 中国市场，2017 (6)：124-125.

制,省去中间环节。在白酒行业困窘之际,有业内专家表示,定制酒将会是酒业红海中的一片蓝海,尤其是在企业商务接待、大众婚宴寿宴以及生日宴会当中。

21世纪以来,我国白酒行业发展行情一路上扬。然而,由于受国家限制"三公"消费政策的影响,高端白酒市场需求受到冲击,白酒行业可能出现结构性变化。随着限制公款消费的政策导向日趋明确,以政商需求为主的高端白酒销售所受影响明显,预计白酒行业终端消费需求萎靡将很快传导至生产层面,白酒企业的利润增速或将呈急速下滑趋势。目前,国内白酒行业的产业结构可以划分为三个层次。第一个层次是少数具有代表性的名酒企业。它们有悠久的历史、深厚的文化底蕴、酿造工艺中继承了传统的精髓,是白酒的文化象征,产品面向全国市场,主要满足中高端消费需求。第二个层次是区域性强势品牌,凭借地域优势占据区域白酒市场主流消费,成为当地的特产。第三个层次是面对城乡低端消费的大众白酒品牌,这些企业数以万计,为大众消费提供低价白酒。粮食谷物产品不仅受到国内供需环境的影响,还受到国际市场、金融因素的影响。粮食谷物的价格上涨,并没有给白酒企业带来较大的议价空间。对于厂家来说,涨价是企业的营销策略,通过涨价能够提升白酒品牌价值。

在白酒产品中,高、中、低档白酒的产量和利润分别呈"金字塔"形和"倒金字塔"形。高档白酒占的比例较小,约为20%,但所创造的利润却最大,约占50%;中档白酒占的比例和利润均约为35%;低档白酒占的比例最大,但利润却最小。企业主要靠低档白酒占领市场。从各项经济指标来看,我国白酒生产向着大型企业集中,前20位骨干企业的销售收入基本上占全行业的40%,利税占全行业的60%,产量约占全行业的30%。这一方面说明重点地区和重点企业是目前带动白酒发展的直接动力,另一方面标志着白酒行业内部整合力度加大,白酒企业的改组改制已成为白酒行业发展的主流。同时,通过数据的分析可以看出,我国白酒企业两极分化的程度进一步加大,强者愈强,弱者愈弱。中华人民共和国成立时,我国白酒产品主要以散装白酒、简装白酒为主,大都是50度以上的高度白酒。经过70多年的发展,我国的社会生活水平稳步提高,科学技术飞速发展,白酒产品结构也有了较大调整。目前,我国白酒产品以降度酒为主流,且包装相当精美。60度以上的高度白酒基本上已经没有了,50~55度的白酒为高度白酒,40~49度的白酒为降度酒,39度以下的白酒为低度白酒,低度白酒的产量已经占我国白酒总产量的40%左右。以食用酒精为酒基的液态法白酒取得了长足的发展,由于其出酒率高、生产效率高、经济效益好等优点,白酒企业不断发展与创新,使液态法白酒的产量在白酒中已占到55%以上。各种香型的白酒也有了不同的发展。目前,市场上的浓香型白酒占70%左右,清香型白酒占15%左右,兼香、酱香以及其他香型的白酒占15%左右。

目前,倒下的原酒公司通常面临两种结局:一是停业歇业,二是被大原酒公司或品牌酒公司收购。

数据显示,2018年,全国共有140多家酒公司。业内人士认为,四川白酒行业未来低端产品市场将进一步萎缩,中高端产品市场将继续增长。因此,更多的中小型酒公司将面临破产或被兼并的命运。一位熟悉四川酒企的人士说,大多数中小型酒公司现在更多的是依靠核心基地来提供更高的渠道利润率,这意味着他们必须以更低的利润生存。对于中小酒企来说,这个时代是他们最黑暗的时刻,但最黑暗的时刻往往意味着光明的未来。为创新而努力的少数公司可能会在差异化中找到未来生存空间。

业内人士认为,对中小型白酒企业来说,在现有条件的基础上发展经销商、拓宽渠道、建立营销网络、打造品牌都是困难的。随着竞争的加剧,品牌将在未来变得更加集中。中小型白酒企业的发展可以最大限度地利用各方资源,同时突出产区的优势。

2.2 四川省的主要大型酒企业

四川省的大型酒企业占据着全国白酒市场的半壁江山。2018年,川酒"六朵金花"取得丰硕战果。2018年上半年,水井坊营业收入为13.36亿元,比2017年同期增加了58.97%;净利润为2.67亿元,比2017年同期增加了133.59%。五粮液作为川酒的老大哥又一次刷新了业绩的纪录,2018年上半年的营业收入为214.21亿元,比2017年同期增加了37.13%;净利润为71.1亿元,比2017年同期增加了43.02%。泸州老窖营业收入为64.2亿元,净利润为19.67亿元。舍得酒营业收入为10.18亿元,净利润仅低于老白干酒,在上市的酒企中排名第二。"六朵金花"在2018年上半年的营业收入为652.4亿元,在全省的酒业中占了54.5%。规模以上的白酒企业营业收入为1 196.7亿元,利润为174.8亿元。"六朵金花"的业绩很出色,但四川省还有很多中小规模的白酒企业,这些企业的生存状况不容乐观。一位来自中小酒企的人士表示,因为"六朵金花"在四川省的地位太强势,所以他们公司的白酒都不在四川省内销售。早些年的时候，他们公司的主要经营范围在北京、山东和江苏。在江苏市场，他们公司的主要经营范围在连云港，如果遇到高峰期，在连云港市场能占到10%的份额，但是这些年苏酒正在崛起，因此其销售量也受到了影响。不仅仅是中小型酒企遇到了困难，四川省内的不少原酒企业也遇到了困难。如今，四川中国白酒金三角酒业协会计划推动各家企业合作，扩大四川原酒的销售渠道，提高对四川原酒的议价能力。四川省政府也在加大扶持中小型酒企发展的力度，让四川省的酒企能够共同发展。四川省中小酒企在发展现状与发展模式上与"六朵金花"这样的大型企业存在一定的差别，"六朵金花"有很多值得中小型酒企学习和借鉴的地方。中小型酒企如果解决了融资的问题，自己的产品质量得到消费者肯定，再加上相对低的价格，完全有可能做大做强。

2.2.1 五粮液集团有限公司

五粮液集团有限公司位于中国西南腹地的四川省宜宾市北面的岷江之滨。其前身是由20世纪50年代初几家古传酿酒作坊联合组建而成的"中国专卖公司四川省宜宾酒厂"，1959年被正式命名为"宜宾五粮液酒厂"，1998年改制为"四川省宜宾五粮液集团有限公司"。五粮液集团有限公司是以五粮液及一系列酒的生产经营为主，现代制造业、现代工业包装、光电玻璃、现代物流、橡胶制品、现代制药等产业多元化发展，具有深厚企业文化的特大型现代企业集团。2016年8月，五粮液集团在"2016中国企业500强"中排名第208位，2018年10月11日，五粮液集团在《福布斯》发布的2018年全球最佳雇主榜单中排名第66位。

五粮液酒以高粱、大米、糯米、小麦和玉米五种粮食为原料，经陈年老窖发酵，长年陈酿，精心勾兑而成。她以"香气悠久、味醇厚、入口甘美、入喉净爽、各味谐调、恰到好处"的独特风格闻名于世，以独有的自然生态环境、600多年明代古窖、五种粮食配方、古传秘方工艺、和谐品质、"十里酒城"宏大规模六大优势，成为当今酒类产品中出类拔萃的珍品。自1915年首获"巴拿马万国博览会"金奖以来，五粮液酒相继在世界各地的博览会上共获得36次金奖，1995年在第十三届巴拿马国际食品博览会上又再获金奖，铸造了五粮液"80年金牌不倒"的辉煌，并被第五十届世界统计大会评为"中国酒业大王"。五粮液酒还4次蝉联"国家名酒"称号、4次荣获国家优质产品金质奖章；"五粮液"商标在1991年被评为首届中国"十大驰名商标"。五粮液集团有限公司于2003年再次获得"全国质量管理奖"，成为我国酒类行业唯一连续两次获得国家级质量管理奖的企业。

五粮液集团研制开发了五粮春、五粮神、五粮醇、六和液、长三角、两湖春、现代人、金六福、浏阳河、老作坊、京酒等几十种不同档次、不同口味，满足不同区域、不同文化背景、不同层次消费者需求的系列产品。特别是十二生肖五粮液、一帆风顺五粮液、五粮液巴拿马纪念酒、五粮液老酒等精品、珍品系列五粮液的面世，其在神、形、韵、味等方面的融合，成了追求卓越的典范。五粮液人以质量规模效益为工作中心，成功地实施了阶段性战略突破和高速发展，使公司具备了年酿造五粮液及系列酒 40 多万吨和年包装各类成品酒 40 多万吨的配套生产能力。同时，还以其开发的"仙林青梅果酒"和"亚洲干红"等优质产品，进一步开拓国内外果酒市场。

20 世纪 80 年代中后期，五粮液集团抓住改革开放和机制转变的大好时机，有计划地实施了"质量效益型""质量规模效益型""质量规模效益多元化"三步发展战略，企业得到了长足发展，进一步巩固了"中国酒业大王"的地位。

第一步：走质量效益型道路（1985—1990 年）

这一阶段是质量管理的深化阶段。这一时期五粮液集团以深挖内部潜力，深化全面质量管理，促进优品率的提高（科研技改为生产，生产围绕市场转，降耗促优保安全，管理到位增效益），不断提升外观质量和科技含量，增加附加值。公司接受并深入推行了全面质量管理，收到很大成效，经受住了 1989 年紧缩银根、名酒不准上宴席、由国家专卖改为自己找市场的严峻考验，夺取了市场先机。

第二步：走质量规模效益型道路（1991—1996 年）

这一阶段主要是在保证提升质量的前提下，加快提升生产能力。此战略主要是从两个方面考虑的：一是通过第一阶段的质量管理，公司积累了扎实的质量管理经验，企业的无形资产、产品的知名度得到了大幅度提升，名牌战略成效充分显露；二是结合五粮液生产工艺的特殊性和改革开放的大好形势，为扩大五粮液及系列酒的市场空间创造了条件，从而获得了巨大的规模效益。

第三步：走质量规模效益多元化发展道路（一业为主，多元化发展）（1997 年至今）

企业在以酒业为主业的基础上，实行多元化的质量规模效益扩张。具体步骤是：1997—2000 年是多元化发展起步阶段，2001—2005 年是多元化发展做强阶段，2006—2010 年是多元产业在行业争取第一阶段。1998 年，随着五粮液集团有限公司的组建和五粮液股份有限公司的上市，以产业多元化发展为标志，企业正式走上长期发展战略的第三步。

2000年，五粮液集团取得了第一次创业的成功。面对跨入21世纪、中国加入WTO的新形势，为保证五粮液集团持续、健康发展，2000年9月9日，时任五粮液集团有限公司党委书记、总裁王国春在集团有限公司召开的思想政治工作会议上正式提出了"第二次创业"的新目标。一个以白酒酿造为主业，塑胶加工、模具制造、印务、药业、果酒、电子器材、运输、外贸等多元化发展的跨行业企业集团迅速发展壮大。

2.2.2 泸州老窖股份有限公司

泸州老窖是中国最古老的四大名酒之一，有"浓香鼻祖，酒中泰斗"的美誉。泸州老窖股份有限公司是中国大型白酒上市公司。泸州老窖的1573国宝窖池群在1996年成为行业首家全国重点文物保护单位，传统酿制技艺2006年又入选首批国家级非物质文化遗产名录，世称"双国宝单位"，旗下产品国窖1573被誉为"活文物酿造""中国白酒鉴赏标准级酒品"。

泸州老窖酒的酿造技艺发源于古江阳，是在秦汉以来的川南酒业发展这一特定历史时空氛围下逐渐孕育，兴于唐宋，并在元、明、清三代得以创制、定型及成熟的。两千年来，世代相传，形成了独特的、举世无双的酒文化。泸州老窖酒是以泥窖为发酵容器，中高温曲为产酒、生香剂，高粱等粮谷为酿酒原料，开放式操作生产，多菌密闭共酵，续糟配料循环，常压固态甑桶蒸馏、精心陈酿勾兑等工艺酿制的白酒。泸州老窖开放式操作的工艺特点铸就了其制曲和酿酒微生物的纷繁复杂以及发酵的多途径香味物质代谢，孕育了泸州老窖酒特有的丰富呈香呈味物质，虽其总量仅占酒体总量的2%左右，但其组分中能够定量或定性的香味成分就有360余种，还有许许多多微量或痕量的呈香呈味物质还没有被揭示和认识。这些品类繁多的呈香呈味物质，共同营造出国窖1573"无色透明、窖香幽雅、绵甜爽净、柔和协调、尾净香长"的风格特点和泸州老窖特曲（原泸州大曲酒）"窖香浓郁、饮后尤香、清冽甘爽、回味悠长"的浓香正宗。泸州老窖作为中国最古老的四大名酒之一、浓香型大曲酒的典型代表，被尊为"酒中泰斗、浓香正宗"。

2.2.3 四川水井坊股份有限公司

四川水井坊股份有限公司原名四川制药股份有限公司、四川全兴股份有限公司，系1993年12月经成都市体制改革委员会批准成立的定向募集股份有限公司。1996年11月20日，四川水井坊股份有限公司经中国证券监督管理委员会批准在上海证券交易所发行A股股票2 660万股，并于1996年12月6日在上海证券交易所挂牌交易。

公司属饮用酒制造业，主营酒类产品生产和销售，主要酒类产品有水井坊品牌系列、全兴品牌系列等，其中"水井坊"品牌系列主要有水井坊礼盒装（世纪典藏、风雅颂、公元十三等）、水井坊典藏装、水井坊井台装、天号陈、小水井、琼坛世家、往事等品种。"水井街酒坊遗址"是公司独有的重要生产资源和品牌基础，是不可复制的、极为珍贵的历史文化遗产和有极高使用价值的"活文物"，被国家文物局列为"1999年全国十大考古新发现"，被誉为"中国白酒第一坊"，被国务院命名为"全国重点文物保护单位"。"水井街酒坊遗址"区与公司土桥工厂区被国家质量监督检验检疫总局批准为"国家地理标志（原产地域）产品"保护区域。"水井坊酿酒技艺"被国务院列为"国家非物质文化遗产"。"水井坊"商标被原国家工商行政管理总局认定为"中国驰名商标"。

2.2.4　四川剑南春（集团）有限责任公司

剑南春是中国传统名酒，产于四川省绵竹市，因绵竹在唐代属剑南道，故称"剑南春"。剑南春酒的前身"剑南烧春"，是正史记载的大唐御酒，是现代中国唯一载入正史的中国名酒。2005年，剑南春率先获批使用"纯粮固态发酵白酒"标志。2008年，剑南春酒传统酿造技艺入选国家级非物质文化遗产，位列剑南春"双国宝"之一。2016年1—2月，剑南春销售额已超过20亿元，其水晶剑南春销量和营业收入同比增长近30%。而剑南春的北京和天津市场，其水晶剑南春销量增长超过了50%。2015年10月27日，四川剑南春集团有限责任公司在六朝古都南京举办了"剑指百亿，共赢未来"的主旨宣讲。会上，剑南春提出了在未来5年内实现销售额破百亿元的目标。

剑南春产地四川省绵竹市，处于北纬30度的酿酒黄金段，冬无严寒、夏无酷暑、日照充足。这样的山水和气候形成了绵竹深厚的土层，肥沃的土质，土壤有机质高，微酸性土壤占68.07%，这些都为剑南春提供了酿酒环境。西蜀文化古城绵竹，素有酒乡之称。这里是中国名酒发源地之一。在唐代，人们以"春"为酒命名，绵竹又位于剑山之南，故名"剑南春"。早在唐代武德年间（618—625年），就有剑南烧春之名。据唐人所著书中记载："酒则有……

荥阳之土窖春……剑南之烧春。""剑南之烧春"就是绵竹产的名酒。绵竹酿酒历史悠久，源远流长，酒文化特别丰富。从绵竹的史料和收藏的文物可以看出，延续 2 400 年的剑南春酒不仅是四川酒史的重要组成部分，也是我国珍贵的文化遗产。剑南春酒获得了以下诸多荣誉：2007 年入选"2007 最有价值中华老字号 30 强名单"，位列第五名；2007 年入选"第二届中华老字号品牌价值百强榜"，位列第五名；2008 年 6 月 7 日，剑南春酒传统酿造技艺入选国家级非物质文化遗产；2017 年，剑南春荣获"中国食品企业七星质量奖"；2017 年，24K 金剑南在意大利国际米兰食品博览会上夺得"博览会金奖"；2018 年，剑南春参加终极烈酒挑战赛，以 97 分的成绩（满分 100 分）位列参赛的中国白酒产品第一名，荣获最高奖"主席奖杯"。

2.2.5 舍得酒业股份有限公司

舍得酒业股份有限公司是"中国名酒"企业和川酒"六朵金花"之一。1996 年，舍得酒业股份有限公司成为白酒行业第三家上市公司；2009 年，舍得酒业股份有限公司成为第三家荣获"全国质量奖"的白酒企业。舍得酒业股份有限公司拥有两个驰名中外的白酒品牌："沱牌"和"舍得"。中国名酒沱牌曲酒系列累计销售量超过 50 亿瓶；"舍得"诠释了当代中国伟大复兴进程中的中国智慧。经过 20 多年的励精图治，舍得酒业已成为业内领先的高端白酒企业之一。

2019 年 6 月 26 日，世界品牌实验室发布的"中国 500 最具价值品牌"排行榜单，舍得品牌以 468.82 亿元的价值居该品牌榜第 110 位，沱牌的品牌价值为 385.71 亿元，双品牌价值高达 854.53 亿元，对比 2018 年，增长了 152.33 亿元，位列中国白酒行业第三。2016 年，改制之初，舍得提出了"优化生产、颠覆营销"的战略方针，着力聚焦"舍得"和"沱牌"。"舍得"蕴含了博大的中华文化内涵，代表了企业文化内涵。改制以来，舍得酒业坚定地实施双品牌战略，打造"舍得"高端白酒形象和"沱牌"中国名酒形象，两者相辅相成，实现营业收入和利润双增长。舍得酒业股份有限公司也是全国第三家白酒 A 股上市公司。从 1940 年第一间酒厂成立发展至今，舍得酒业获得了一系列荣誉。

2.2.6 四川郎酒股份有限公司

郎酒，四川省古蔺县二郎镇特产、中国国家地理标志产品。郎酒地处赤水河畔二郎镇，地处酱香型白酒酿造优质地带。赤水河自古有"美酒河"之称，孕育了中国两大酱香型白酒——茅台和青花郎。此外，郎酒还拥有世界上最大的自然储酒溶洞——天宝洞。

郎酒的特色是"酱香浓郁，醇厚净爽，幽雅细腻，回甜味长久"。它在酿制过程中，虽按茅台酒的工艺，但其味道又不同于茅台酒的酱香，香气较之更馥郁、更浓烈，有"浓中带酱"的味道。因此，有人曾赋赞："蜀中尽道多佳酿，更数郎酒回味长。"

郎酒酿造历史悠久，自西汉的"枸酱"以来已有千年，现代工厂是在清末的"絮志酒厂"酿酒作坊的基础上发展起来的。中华人民共和国成立后，在周恩来总理的亲切关怀下，郎酒于1957年恢复生产，逐渐发展成为大型骨干酿酒企业。郎酒文化源远流长，和南方古丝绸之路文化、赤水河盐运文化、长征红色文化息息相关。

郎酒产地四川省古蔺县二郎镇，位于中国白酒金三角核心区域的赤水河中游国家级优质酱酒原产地保护区。郎酒酿造技艺是国家级非物质文化遗产，储存郎酒的天然溶洞——天宝洞、地宝洞是四川省重点文物保护单位、省级自然和文化遗产，已入选世界文化遗产预备名录。

郎酒股份有限公司是中国传统酱香型白酒生产企业，是国家酱香型白酒标准制定者之一。目前，郎酒有国家级酿酒大师、国家级品酒大师、国家级白酒评委、四川省级白酒评委等专业技术人员上百名。强大的白酒酿造技术团队，充分保障了郎酒的卓越品质。

郎酒股份有限公司的二郎、泸州两大生产基地"两翼齐飞"，产能布局、酒体储备日益提升。二郎酱香基地已拥有优质酱酒年产能3万吨，优质酱酒储存量已达13万吨，郎酒庄园全部建成后，郎酒酱香原酒的储量将突破30万吨。四川省古蔺郎酒厂（泸州）有限公司已部分投产，建成后将年产浓香原酒10万吨，储存量为25万吨。

郎酒天宝峰储酒区蔚为壮观，十里香广场占地300多亩（1亩≈666.667平方米，下同），现已储酒近万吨，全部建成后储酒能力将达4万吨，成为全球储酒规模最大的露天陶坛酒库。千忆回香谷同时设计在建71个巨型储酒罐，其中50个已建成投用，可储存郎酒酱香原酒10万余吨。郎酒生在赤水河、长在天宝峰、养在陶坛库、藏在天宝洞，顺天应时，方得美酒。

一树三花齐争艳，神采飞扬中国郎。郎酒品牌新战略已全面呈现，"中国两大酱香型白酒之一"的青花郎，是高端酱香型白酒的典型代表；"酱香典范"

红花郎,是次高端酱香型白酒的第一品牌、中国第一喜庆酒;"来自四川·浓香正宗"的郎牌特曲,是中高端浓香型白酒的畅销品牌;"全国热销的小瓶白酒"小郎酒,为小酒中的王者。在品牌驱动发展的战略统领下,青花郎、红花郎、郎牌特曲、小郎酒四大战略产品的不同定位,有着各自不同的目标大市场,新时期的市场布局和深耕运作正在提速深化。

郎酒正奋力实施团结协作的群狼战略,打造勇于拼搏的狼性团队,坚持品质第一,坚持品牌升空营销落地,坚持以消费者为核心的营销战略。10多年来,郎酒市场销量大幅增长,已稳健步入百亿元白酒集团。

从"六朵金花"的基本信息中我们可以看出,这些大型酒企业大多拥有悠久的历史,很多品牌都是古时候的宫廷御用酒,这些都是中小型川酒企业所不具备的优势,这种文化传承是可遇不可求的。从"六朵金花"在近现代的发展史可以看出,它们都是在传统的基础上推倒重建,经历了逐步发展才达到现在的高度。酒文化底蕴丰厚是它们所独有的优势,而它们在发展和品牌宣传中仍然有很多值得中小型川酒公司借鉴与学习的地方。一是将酒厂建在水源水质较好的区域。较好的水质能保证酒的质量,吸引更多的消费者。二是向一些有着酿酒历史悠久的地区学习酿酒的经验,条件允许的话可以把酒厂建在那里,这样在自己品牌的标签中可以贴上位于丰富酿酒文化地区这一标志,这也会让消费者对自己品牌的好感得到提升。三是需要确定自己产品的销售市场。根据自己产品销售市场上人们的喜好对产品进行不断的改进创新,因为目前国内酒市场这块大的蛋糕基本被分割得差不多了,要想找到自己的定位与市场是一个亟须解决的问题。如果你自己生产的产品是几百元一瓶的中高端白酒,而你又将主销市场定在农村乡镇,这是一个在产品与市场定位上严重的错误。所以,中小型川酒企业首先要找好自己品牌的定位。四是要有足够的资金来进行自身品牌的研发与创新。在这个不断进步的时代,如果不创新只会原地踏步或者被迫退步,如果现在不进行研发与创新可能对近几年的业绩影响不大,但是当你的竞争对手纷纷推出新产品的时候,可能就是你的企业业绩变坏且濒临破产的时候。而研发与创新需要大量的经费,很多中小型川酒企业的老板没有这么多的流动资金,就只能去金融市场上融资。目前,银行对这种中小型酒企业提供资金的要求更严苛,从而使中小型酒企业融资难。对这个问题,我们可以借助近年来逐渐发展起来的互联网金融,通过互联网金融渠道安全地融资。

2.3 四川中小酒企概述

2.3.1 四川酒类消费的多样性导致原酒企业市场逐渐减小

四川除了有名优酒企业和大量的原酒企业外,还存在大量的中小酒企业。虽然酒类行业慢慢呈现复苏的态势,但却存在这样一个现象,即两极分化逐渐加剧,在名优酒企业和原酒企业的业绩呈现疯狂上涨的时候,中小酒企业的市场却慢慢地被这些名优酒企霸占,导致中小酒企业的市场进一步萎靡。川酒发展研究中心学术委员会副主任杨柳告诉《酒业家》记者,四川中小酒企的市场份额还在减少,在四川中国白酒金三角酒业协会前不久组织的寻找十朵小金花的活动中,通过初选的20家中小品牌酒企总产值还不到100亿元人民币。例如,在四川这个以浓香为特色的白酒产区,某酒企找到了川派淡雅的定位,通过打造酒庄等方式,以独特的手段来吸引消费者,以差异化来寻求生存空间,在江苏市场找到了自己的发展空间,牢牢抓住100~300元这一价位的顾客,较为成功地完成了转型。而那些没有创新和特色的酒企,则无法逃脱破产或被兼并的命运。

2.3.2 四川中小原酒企业处境艰难

俗话说川酒甲天下,四川白酒相当出名,这也从侧面体现出行业形势的改变。2018年,从4家上市的川酒企业的半年报来看,在报告期内,五粮液再次刷新了业绩的纪录;上市的酒企中半年营业收入的第四名是泸州老窖;舍得酒业在上市公司中,股东的净利润比2017年增加了166.05%;水井坊的净利润比2017年增加了133.59%,在上市的酒企中排名第三。"六朵金花"在2018年上半年共有18家白酒上市企业,这半年的营业收入一共有1 044.25亿元,第一次超过了千亿元。贵州茅台依然拔得头筹,川酒企业表现得很突出。2018年上半年,水井坊营业收入为13.36亿元,比2017年同期增加了58.97%;净利润为2.67亿元,比2017年同期增加了133.59%。五粮液作为川酒的老大哥又一次刷新了业绩的纪录,2018年上半年的营业收入为214.21亿元,比2017年同期增加了37.13%;净利润为71.1亿元,比2017年同期增加了43.02%。泸州老窖营业收入为64.2亿元,净利润为19.67亿元。舍得酒业营业收入为10.18亿元,净利润仅低于老白干酒,在上市的酒企中排名第二。

虽然名优的原酒企业业绩很突出，而且呈现上涨的趋势，整体发展势头很猛，但是四川省还是存在很多中小型原酒企业生存较为艰难的情况。

由于资金问题，中小企业在某些方面存在的优势也不能很好地发挥出来。首先是宣传，名优酒企业每年会通过各种方式来宣传自己的品牌，打造品牌效应，比如说广告投入，五粮液每年花费在宣传这一项的费用比好多中小酒企的产值还要高，通过各种铺天盖地的宣传，让中国绝大部分人认识了五粮液。消费者在各种场合选购时，由于心理作用，也会选择自己听说过的产品，渐渐地对其产生认可。而中小酒企则不一样，由于受资金限制，中小酒企在宣传这方面就显得很不足，由于宣传不到位，产品自身的优势大打折扣，这也是中小酒企面临的一个很大的问题，由于自身优势没有被发挥出来，所以生存的空间就会越来越小。中小酒企只有解决这个问题，才能更好地发展下去。当然，也有少数中小酒企由于自身转型成功，获得了消费者和投资者的认可与青睐。对这部分企业来说，他们的资金可能会充裕一点，周转起来可能比较容易一些，在面对企业情况不是很好的时候能平稳地渡过难关。

2.3.3 四川现有酒企业之间的竞争

由于国家相关政策（"三公"消费的控制等）的影响，白酒行业的整体需求增长缓慢，为争夺有限的需求，各企业间进行着激烈的竞争。相关数据显示，目前国内有18 000多家酒企，有营业执照的有7 000多家，但是排名前100家酒企的市场份额占整个酒行业的90%，由此可以看出白酒行业的集中度比较高，其中茅台、五粮液等高端品牌占垄断地位，各知名酒企之间竞争激烈。白酒行业可以依据规模和价格两个变量将企业划分为三个战略群组：高端酒商、中端酒商和低端酒商。各战略群组内部的酒商所提供的产品具有很高的替代性，故每一群组内部存在激烈的竞争。虽然三个群组之间无直接竞争关系，但由于中国经济近年来的持续下滑，白酒消费结构发生了一些变化：原本高端白酒消费者中有部分会转向中端白酒消费；同样地，原本中端白酒消费者中有部分会转向低端白酒消费。所以，三个群组之间的产品也有一定的替代关系，存在一定的竞争。

四川是全国最大的白酒生产基地，国内销售的白酒有60%以上的原酒都来自四川地区。进入21世纪以后，四川出现了大量的原酒企业，其中比较突出的是宜宾高洲的原酒，并且形成了以邛崃、大邑、蒲江、崇州为代表的川西原酒集群与以宜宾、泸州为代表的川南原酒集群。原酒企业最多的时候数量多达上千家。然而，这种情况在鼎盛时期并没有持续很长的时间。从四川两个主要的原酒生产集群来看，以大邑、邛崃、崇州、蒲江为代表的川西原酒企业面临的困境更为明显，最主要的原因是缺少名优酒企的支持；而以泸州、宜宾为代表的川南原酒企业则在五粮液、泸州老窖、剑南春等名优酒企的带动下占得一些先机。

　　四川中小酒企有着丰厚的文化底蕴和发展前景，但由于自身规模和经营模式等客观因素，使产业集群的发展受到了制约。但是，随着互联网金融的出现以及推广，伴随新业态的出现，四川中小酒企也可以借这股"东风"来实现新的突破。当前，互联网金融与四川中小酒企的融合发展得到了政府的大力支持，出台相关扶持政策并推动产业集群的形成与发展，有利于解决当前四川中小酒企所面临的难题。此外，互联网金融与四川酒企进行融合发展不仅提高了中小酒企的经济效益，还促进了周边地区对四川中小酒企认可度的提升，有利于整个产业集群的进一步发展。

3 四川省白酒行业发展面临的问题

目前，川酒行业出现了比较严重的两极分化，像"六朵金花"这样的企业占据着大量的市场而且几乎占据了全部的高端市场，中小型川酒企业只能立足于中低端市场。而伴随经济的发展与人们生活水平的提高，中高端市场将持续增长，低端市场将逐渐萎缩，这也使得更多的中小型川酒企业被迫停产或倒闭。

3.1 四川白酒企业现状

白酒产业从 2017 年开始复苏，次高端及区域龙头企业增速加快，消费升级成为行业的关注焦点，适应消费升级趋势已然成为企业的共同选择，白酒消费由价格敏感型转向质量敏感型。据国家统计局统计，2018 年全国规模以上白酒企业年产量为 871 200 万升，累计实现销售收入 5 363 亿元，累计实现利润总额 1 250 亿元；而据四川省经济和信息化厅的数据，四川省 2018 年全年规模以上白酒企业产量达到 358 300 万升，主营业务收入达 2 300 亿元，实现利润总额 280 亿元。四川白酒年产量占全国白酒年产量的 41.13%，同时四川白酒销售收入也达到全国白酒销售收入的 40%以上，但反观利润总额，仅占全国白酒利润总额的 22.4%，销售收入与利润额不匹配。上述数据背后隐藏的是四川白酒附加值较低的现实问题。为解决该问题，四川白酒需进行整体品牌化改进，提升四川白酒附加值。

四川白酒产业以其独特的地理优势和世代相传的酿造技术，经过 10 年的快速发展，已成为四川重要的支柱产业。然而，在国内外整体经济运行下行的趋势下，白酒行业近10年来积累的供需矛盾、结构失衡、产品质量和传统营销模式等内部问题日益突出。尤其是自2012年下半年以来，白酒行业受"塑化剂"、国家限制"三公"消费等一系列的市场危机和政策变化的影响，正面临前所未有的挑战。

伴随市场竞争压力的增大，四川中小酒企也面临融资不足、营销能力不足以及组织能力不足的问题。融资难、融资贵问题始终是困扰中小企业健康发展的重要因素。尽管多部门出台多项措施来解决中小企业的融资难、融资贵问题，但是收效依然甚微。除了融资外，四川中小酒企还存在规模较小、作坊式运营、不注重市场营销等问题。不注重市场营销的这一特征在酒类市场竞争如此激烈的情况下使得四川中小酒企发展变得越发艰难。家族式的管理使得四川中小酒企的组织较为混乱，不利于重要决策的执行，影响中小酒企未来的发展。这些已经成为中小酒企发展道路上亟须解决的问题。

我国酒类产业经历了从中华人民共和国成立后到改革开放前的产业恢复期、20世纪70年代后期到90年代中期的快速发展期、2006年以前的产业调整期。从2007年开始，酒类产业进入了一个繁荣发展期，虽经历了全球性金融危机，但酒类产业从这次危机中收获更多的是发展机遇。可以说，当前我国酒类产业的发展成为社会瞩目的焦点，我国酒类产业的发展也代表川酒的发展，四川白酒的发展是我国酒产业发展的一个缩影。

我国国民经济一直保持较高增速，居民收入水平稳步攀升，带动中高档白酒消费需求增长，规模以上生产企业的中高档白酒销售占比不断提高。由于中高档白酒具有较大的利润空间，使得行业总体利润水平得到快速提高。随着社会发展和国民收入水平提高，消费者对白酒的消费要求越来越高。以前在物资匮乏的年代，人们对白酒的消费多以低端为主，但随着社会的发展，人们收入水平的提高，消费者对白酒的需求也从低端走向高端，消费结构也由此发生了改变。所以，更多的中小酒企如果不能向高端品牌进军，不能在高端品牌中占领一席之地，后期也很难生存下去。

随着国家和社会对公共安全的重视，公款消费等问题或多或少地影响着白酒企业的发展，白酒企业高耗能、高污染等问题引起政府层面的重视，政府在社会各个方面的限制逐渐加强，如在生产许可证、土地使用、税收等方面，会在一定时间内影响整个白酒企业的发展。需要特别说明的是，虽然这种影响存在，但是从长远来看，这有助于白酒企业的发展，优胜劣汰，推动行业进入理性发展阶段，不会对白酒产业继续向前发展构成障碍。

3.1.1 四川品牌运营现状

四川此前一直存在"一年喝倒一个牌子"的尴尬。据统计，虽然经过多年市场优胜劣汰，白酒龙头企业五粮液集团2003年已达到16.6万吨产量，而当年全国规模以上白酒企业总产量为331万吨，表明绝大多数产量来自中小企业。"多、小、弱、乱"是中国白酒产业发展中长期存在的问题。在各行业市场分工越来越细、生产专业程度越来越高的大形势下，白酒集群化发展是大势所趋。

按照传统的酒厂经营模式，多数中小企业是兼营产、供、销的"小而全"模式。这种模式对年产万吨以上的大企业或名牌企业是经济适用的，而对多数中小企业是不经济的。这种不经济表现在以下几个方面：一是资源浪费。由于中小白酒企业存在的"小而全"，而白酒生产周期较长，不能完全适应市场快速变化，造成生产能力不饱和或者过于饱和，对经济资源利用造成不良影响。二是品牌乏力。由于"小而全"所带来的专业技术水平不高以及质量保障能力、产品创新能力的不足而造成品牌乏力，造成企业在市场竞争中缺乏后劲。三是流通秩序混乱，市场治理成本较高。四是企业经营管理费用剧增。白酒产业发展到今天，市场竞争不断加剧，各种市场推广费用层出不穷，中小企业难以应付。五是经营链条拉长，从原材料购进到成品酒的生产和销售，整个资金链条越来越长，财务成本不断上涨，赢利能力不断下降。由于市场范围小、发展能力弱，中小白酒品牌的生命周期普遍比较短。

川酒已经逐渐成为四川地理标志性产品，但是众多中小酒企为了自身利益屡屡破坏川酒这个四川地理标志性产品。在这些区域品牌所遭遇的公地悲剧中，不仅区域内的好品牌会受到株连，地理标志产品的整体品牌资源也会受到损害。四川某些中小酒企虽然生产的白酒质量较差，但在以"四川白酒"之名对外销售时享受到了公共品牌带来的利益，同时因质量较差而破坏消费者体验，进而损害了川酒区域品牌的整体形象。同时，某些产品存在区域性，即在当地经营得有声有色，但开拓区域外市场时，却屡屡不能达到如同当地的销售数量。除一线名酒外，二线白酒品牌观念严重不足。川内的很多二、三线白酒品牌具有很强的地域性，在当地市场销售很好，但是要在外地市场得到认可，取得较好的市场销量，仍需要在品牌打造及维护方面努力。四川白酒市场竞争激烈，且产品同质化严重。自2012年白酒行业进入深度调整以来，迫于市场压力，二线白酒放下身段，主动下沉，抢夺了三线白酒的部分市场。由于这种区域品牌产权的模糊性，导致"机会主义"盛行，以及区域品牌创建的持续时间较长，成本较高，效果不明显，使得原本作为区域品牌创建的"急先锋"的企业参与此过程的积极性与主动性并不高。因此，在四川白酒品牌建设过程中，要改变传统区域品牌的创建模式，创新区域品牌建设策略，激发企业参与的积极性与主动性。此外，四川白酒品牌建设存在的问题还突出表现在以下几个方面：一是区域品牌概念仍需加强，四川白酒整体品牌宣传力度不够，特别是浓香型白酒品牌的内涵仍需挖掘。二是川内白酒产区品牌众多，部分品牌小而不强，宣传模式落后。三是四川原酒无具体品牌支持，无定价权，易受市场供需环境变化的影响。四是大多数白酒企业缺乏专业品牌策划人员，品牌运营模式落后，品牌营销概念与发达地区白酒企业相比较为滞后。五是四川主要白酒产区、主要白酒企业对四川白酒品牌整体宣传工作不够重视，缺乏明确、有效的品牌指导意见和支持政策。

3.1.2 四川酒企资本运作现状

2018年11月26日，在成都举办的2018中国国际名酒文化节新闻发布会上，宜宾市委常委、宣传部部长李敏在接受记者采访时表示，宜宾将按照市场化原则，组建注册资本金不低于10亿元的宜宾酒业投资集团，通过开展白酒生产经营、股权投资和融资担保业务等对宜宾中小型白酒生产企业进行资源整合，切实解决宜宾酒类企业小而散的问题。

宜宾如何落实四川省委、省政府提出的"川南经济区重点打造世界级白酒产业集群"部署？李敏说，全面推动白酒产业供给侧结构性改革，大力实施"走出去、引进来"的发展战略，推动白酒产业转型升级和提质增效。在生产方面尝试抱团发展，宜宾市28家名优白酒企业共同出资2.45亿元，自发组建宜宾酒股份有限公司。这是宜宾白酒产业深度转型、适应新常态的一个重要尝试。为解决白酒企业融资难问题，宜宾市成立了白酒企业互助资金，帮助企业渡过难关，促进企业可持续发展。宜宾市制定的《多粮浓香型白酒生产企业良好行为规范》，被国家工业和信息化部科技司列为2017年"百项团体标准应用示范项目"。

同时，宜宾还着力白酒行业顶层设计，出台了《中共宜宾市委、宜宾市人民政府关于进一步支持五粮液集团有限公司做强做优做大的实施意见》，旨在推动五粮液集团进行质量变革、效率变革、动力变革，加快建成具有全球竞争力、国际影响力的世界一流企业；出台了《中共宜宾市委办公室、宜宾市人民政府办公室关于支持白酒产业高质量发展的实施意见》，旨在全面深化白酒产业供给侧结构性改革，推动宜宾白酒产业高质量发展，加快建成中国白酒第一城。四川白酒业加速洗牌：一批中小酒企倒下去，老牌酒企"强者愈强"！白酒行业正在出现"马太效应"①。2018年6月8日，中国华融资产管理公司四川分公司在官网挂出《资产处置公告》，拟处理4个涉及酒企的资产包，这些均来自银行的不良资产。

6月8日上午，五粮液集团召开股东大会，董事长李曙光在回答是否有并购意向时表示，五粮液"肯定瞄准白酒行业的优质标的"，且浓香型白酒的优质资源较多，如五粮液、泸州老窖、剑南春、沱牌曲酒、全兴大曲，都属于浓香型白酒。

6月8日晚上，舍得酒业发布公告称，为进一步深化公司控股股东沱牌舍得集团改制，射洪县政府于6月8日做出《关于转让四川沱牌舍得集团部分国有股权的决定》，决定将射洪县（现射洪市）政府所持沱牌舍得集团部分国有股权对外公开转让。

原酒产业既是白酒产业链的上游，也是高品质白酒酿造的基础。四川作为我国浓香型原酒的主产地，长期以来，四川的中小企业都是分散经营，存在质量标准不一、应对市场风险能力较弱、品牌力量缺失等问题。随着我国经济进入新常态，白酒消费的需求不断变化，在当今多元化的消费中，各类酒层出不穷，给了消费者多样化的选择，导致当前白酒行业整体进入下滑通道。正因如此，四川原酒产业资源需要整合由过去单一追求规模化经营向竞争力提升转变、向品质提升转变，着重实施品牌化发展。

3.1.3 白酒企业的出口现状

中国酿酒行业"十二五"规划明确指出未来白酒产业发展的大方向是：加强白酒民族品牌和自主品牌保护，弘扬优秀的白酒文化，使白酒成为世界的白酒，使川酒成为世界的白酒，走出亚洲，走向世界，使中国酒文化成为人类文明的重要组成部分，要力争中国白酒早日走向世界。中国白酒走向国际化，已经由我们早期的美好愿望变成了可以实现的计划。由此看来，白酒产业当前面临一个好的发展机遇，白酒行业处在一个发展的辉煌时期。理论上，每个白酒企业都应该借机在良好的环境下迅速发展提升自己，但是白酒产业有自身的特殊性：自然环境的限制性非常强。如果是普通白酒，影响力微弱；但对中高档白酒而言，对产地环境有严格的要求。这也是为什么川酒如此独特的原因。川酒由于四川独特的地理环境形成了得天独厚的优势，因此川酒也受到消费者

---

① 叶天宏.中国白酒产业现状与发展对策研究[J].产业与科技论坛，2017，16（10）：12-14.

的喜爱，同时也是中国大部分原酒需要从四川购买的原因。中国白酒金三角（川酒）区域、名酒"U"字形带拥有中国白酒固态发酵的最适宜自然环境、在全国来说是独一无二的。甚至有研究人员认为，现在市场上的浓香型白酒大部分是从四川采购的，这一预测也不是没有道理。川酒这些年的发展和技术的成熟以及优越的自然环境，让四川中小企业占领了中国白酒市场的大部分市场，加上生产浓香型白酒所要的苛刻生产环境，这一切都显得那么合理。

3.1.4 新经济时代白酒企业的运营现状

新经济时代，作为传统制造业的川酒企业面临的发展环境更加动荡复杂。一是年轻消费者成为消费主体，其对白酒产品的理解、认同已经不同于其父辈；二是白酒传统的手工酿造方式在近年随着劳动力成本的不断上升而成为川酒企业突破式发展的掣肘；三是频发的食品安全事件使川酒企业也必须要重视食品安全追溯体系的建设。川酒迎来了在新经济时代正面发展的拐点。

新经济突破了经济发展对低端生产要素的过度依赖，通过科技创新及技术应用，实现了经济的爆发式增长。美国的原创产业、德国的智能制造均体现了新经济是一种由技术到经济的演进范式。但新经济的发展不仅指产生新的产业形态，还包括利用新技术、新方法改进传统产业，提升传统产业的附加值。新经济具有数字经济、智能经济和创新型经济的特点。在新经济发展中，通过运用互联网、云计算、大数据等数字技术，实现了数据的采集、存储、分析、共享，这将彻底改变传统产业的运行方式。新经济也是智能经济，基于人工智能的发展而产生的智能经济则是以大数据、互联网等新一代信息技术为根本，以智能产业化和产业智能化为外围的新的经济形态。在新经济发展中，人工智能技术得到广泛应用。生产环节的计算机、网络技术等，缩短了产品的生产周期，降低了生产成本，提高了产品的质量；在交换环节，互联网交易平台、支付平台、互联网金融、智能物流等均促进了市场交易，加快了市场流通。

四川白酒酿造历史悠久，川酒在我国白酒版图上占有举足轻重的地位。四川得天独厚的地理环境和气候条件以及深厚的历史文化底蕴，造就了川酒传承数千年的世界一流的固态发酵工艺技术。五粮液、郎酒、水井坊、剑南春、泸州老窖和舍得酒"六朵金花"更是伴随时代的脚步，以其厚重的文化、优良的品质在中国白酒市场中不断开疆拓土，成为川酒高端品牌的代表。近年来，川酒企业正逐步走出宏观经济形势影响所带来的低迷期。为进一步振兴川酒产业，2018年6月，四川省提出"优先发展名优白酒千亿元级产业、高质量打造'中国白酒金三角'、推动川酒振兴、提升'六朵金花'品牌辨识度和影响力……"，从而明确了川酒发展的方向。川酒企业的发展正面临新的机遇。但通过对五粮液、泸州老窖、郎酒、丰谷等企业的调研发现，川酒企业的发展也面临诸多亟待解决的问题，而这些羁绊大型川酒企业的问题同样也困扰着中小型川酒企业。这些问题主要包括以下几个方面：

3.1.4.1 自动化、机械化酿造水平低

白酒酿造借鉴了酒精工业的麸皮曲及酒母制作技术，并结合传统白酒工艺，形成了一套规范的操作方法。白酒酿造在过去一直采用人工操作完成，劳动强度大，工人工作环境差。伴随科学技术的不断发展，白酒酿造的机械化水平不断提高，如利用配料机组配料、挖掘机出池、推车运送糟醅等，甚至有些企业实现了酿酒生产过程的机械化，如景芝酒酿造机械化、自动化和芝麻香曲机械化的成功研发，改变了传统的手工操作模式。而且，在景芝浓香型白酒的酿造过程中，还采用了自动化、智能化技术，通过数据采集、统计及应用，实现了白酒酿造生产的定量化、精细化和标准化。这对川酒企业的发展具有重要的借鉴意义。但是，川酒的生产酿造过程复杂，具有自己的特色，不能照搬其他企业的做法。四川盆地独特的气候、水质等自然条件以及酿酒业在四川地区千百年的传承不息，造就了川酒特有的制曲技术、生产工艺和勾兑调味技术。以白酒酿造为例，白酒的酿造要经过上甑蒸馏、蒸糠、摊晾下曲、晾膛、糟醅出窖和入窖等过程。目前，这些环节还均需要工人手工操作完成，数字化、机械化设备尚不能取代手工操作。且同属于川酒，不同企业又具有不同的酿造工艺，因此，自动化和机械化的方法也不同。

目前，机械化操作只能在川酒酿造的部分环节应用，全部实现自动化、机械化还需要不断地探索，还有很长的路要走。

3.1.4.2 "招工荒"和人工成本上升问题凸显

随着川酒企业规模的不断扩大，"招工荒"问题越来越凸显。特别是在白酒的酿造环节，这个问题表现得尤为突出。一方面，需要更多的酿造工人加入生产队伍；另一方面，原有的酿造工人逐渐步入退休年龄，而酿造过程"脏""差""累"的工作状况，使得很多年轻人不愿意从事该类工作，即使掌握了酿酒技艺的工人，也不希望自己的后辈从事白酒酿造工作。为了应对不断增加的市场需求量，企业只能同时安排夜间生产，但又存在夜间生产管理难度大、酿酒质量波动大等问题。这里以包装过程为例。由于企业产品种类多，包装多样化，国内尚没有适用于川酒企业的通用的标准化的包装机械化生产线，因此，目前川酒的包装环节仍旧是典型的劳动密集型生产过程，上瓶、洗瓶、灌酒、上盖、压盖、贴标签、装盒、装箱等，都由人工完成，需要的工人数量

多。随着劳动力成本的不断上升，包装成本不断增加，正逐渐压缩企业的利润空间。

3.1.4.3 消费主体悄然发生改变

白酒的消费主体已经发生变化。白酒不再仅仅是老一辈人的交际必需品，名酒也不再是身份和地位的象征，消费群体年轻化趋势明显。80后、90后作为新生代消费主体，他们对白酒的认识不同于其父辈，更加注重产品的品质、品牌，更加追求消费的个性化。川酒企业必须正视消费需求的变化，对年轻消费者的消费观念进行跟踪、分析，适应他们受教育水平高，追求新、特、异和注重生活品位的特点，在白酒的度数分区以及"色、香、味"等方面进行细分。甚至还应该提前预知消费者的需求变化，挖掘和引导消费需求。我国酒业年轻化的标杆江小白的做法值得借鉴。当市场还在为白酒行业是否该年轻化进行争论的时候，江小白已经先行，首先把握住了白酒行业势必会年轻化、时尚化、小众化和低度化的趋势，在消费者心目中树立了独特的品牌形象。

3.1.4.4 白酒企业食品安全追溯体系的建立势在必行

从2008年的"三聚氰胺"事件，到2010年的"地沟油"、2011年的"瘦肉精"、2013年的硫黄熏制"毒生姜"，食品安全一直牵动着消费者的每一根神经。党的十九大报告明确提出，"实施食品安全战略，让人们吃得放心"。建立食品安全追溯体系是实现上述目标的有效做法。"追溯"意味着要追根溯源，即对产品生产的各个环节进行跟踪，一旦发生食品安全问题，则反向追踪食品责任和发生的环节。美国、欧盟和日本等早已实行食品安全追溯制度。根据国际食品法典委员会和国际标准化组织对食品追溯体系的定义，通过识别码可以对这些食品进行追踪。2012年，高端白酒品牌"酒鬼酒"被检测出"塑化剂"超标，导致该公司股票停牌、白酒板块遭受重挫等。为避免类似事件的再次发生，建立白酒食品安全追溯体系势在必行。

3.2 四川白酒企业存在的问题

3.2.1 川酒出口存在的问题

3.2.1.1 川酒出口创汇总额有所回落

自我国加入WTO以来，川酒出口创汇总额增幅较大，但是近几年随着国际贸易战的越演越烈，川酒出口又有所回落。2017年，四川白酒产品出口创汇总额再次突破亿元大关，再创历史新高。近几年来，川酒产品的出口国家也在持续增加，产品出口国家几乎覆盖了六大洲。川酒的国际市场也在不断扩大，但是平均增长速度比较缓慢。目前，川酒出口量比较多的国家是日本和韩国。由于韩国和日本临近中国，其生活习惯、气候、习俗与我国有很多相似之处，使韩日成了白酒消费大国。此外，我国香港地区对白酒的需求量也比较大。香港作为国际大都市，汇聚了大量的人口，旅游业、餐饮业都特别发达，这也是香港对白酒的需求量很大的原因。成都海关的统计资料显示，近几年四川白酒类产品出口创汇有所增长的地区有亚洲、拉丁美洲、大洋洲、非洲，白酒出口范围越来越广，白酒的出口量也在逐年增加，这与政府和企业的宣传以及产品自身的质量提高有很大的关系，外国人对我国的产品也越来越认可。

3.2.1.2 四川白酒企业的出口战略选择

自加入WTO以来，中国市场越来越被国外企业看好，包括烈性酒在内的许多国际酒类品牌纷纷抢滩中国市场，如法国白兰地、俄罗斯伏特加、苏格兰威士忌、日本清酒、韩国真露等，都在不同程度地分割着中国市场。相比之下，川酒企业作为中国白酒的出口主力军，应当思考如何走向国际市场，如何扩大出口规模。以下是几点建议：从目前川酒的目标市场来看，国外的主要消费群体是对中国文化认同度较高的华人群体。因此，川酒企业在出口目标市场的选择上，应以广大海外华人为主。从华人分布情况来看，亚洲是华人聚居的主要地区，其次是北美洲。按照传统文化背景和生活消费习惯，川酒产品的出口目标市场应首选亚洲，其次是北美洲，这与目前四川省酒类出口量与创汇额在整个国际市场上的实际份额是相吻合的。因此，对川酒企业来说，树立科学发展观，把市场开拓放在更加突出的位置，把海外市场特别是亚洲目标市场作为酒类国际营销的前沿阵地，是川酒参与国际市场竞争的必然趋势。

3.2.1.3 四川白酒出口策略

从国外的消费情况来看，川酒出口最大的问题，既不是口感也不是关税，而是文化接受的问题，产品生产的好不好最终的决定权在消费者的手里，最终还是需要消费者买单。川酒要大规模外销，必定会对当地的酒企产生巨大的冲击，这是外国政府不愿意看到的，所以川酒要大规模外销的任务还相当艰巨。当然，白酒的出口和中国整体经济实力、对外经济文化的扩张能力相关联。如果中国综合国力得到提升，中国文化在国际社会的影响力越来越大，白酒就有可能作为中华文化的载体被世界接受。

目前，为推动川酒走出国门，四川省相关管理机构应当根据我国对外贸易发展的新形势，围绕加快四川对外开放步伐、努力扩大川酒出口这一主题，进一步更新观念，采取有力措施，积极开拓国际市场，科学指导川酒出口工作。

具体可采取以下措施：一是扩大中国文化的影响力，通过文化宣传带动商品出口。随着中国经济实力的增强，中国文化在国际社会的影响力会进一步提高。中国政府要主动和有意识地扩大中国文化的宣传，要多渠道展示中国人的生活方式，让国外消费者认识中国白酒、理解中国白酒所体现出的中国文化。在这方面，我们可以借鉴韩国产品进入中国市场的做法。具体可以与中国的电影、电视作品相结合，和中国在海外有影响力的文化产品相结合，通过文化产品带动中国白酒出口。二是扶持重点川酒出口企业。为扩大川酒出口，四川省相关管理机构应积极培育市场主体，壮大川酒出口队伍，确定一批有发展潜力的川酒企业，给予重点扶持和帮助，加大分类指导力度，围绕国际市场需求，采取有效措施，引导他们开展国际化经营。三是优化出口川酒产品结构。四川省相关管理机构应当积极组织酒类行业的生产技术专家，帮助川酒企业提高出口酒类产品质量，优化商品结构，研发生产适应国内外现代饮酒需求且具有较高商品附加值的出口新品种，并同时指导和帮助企业搞好各种国际认证，切实保护川酒品牌的境外知识产权。四是加强外贸人才培养。商务主管部门可采取多种形式，不定期地适时举办培训班，着力培养酒类企业外贸专业人才，增强企业开展国际化经营的竞争力。五是构建出口交流平台。商务主管部门应当充分利用自身的优势，帮助川酒企业寻求销售渠道，定期组织川酒企业参与国际交流与合作，并且积极搭建川酒国际营销网络，构建出口贸易平台。例如，加大组织企业参与国内外专业性展博会的力度等。同时，帮助企业加强海外终端市场的建设，以提高其对出口目标市场的控制力。

　　商务主管部门有义务为川酒企业创造一个良好的出口环境，帮助有实力的企业将名牌产品推向国际市场，包括在国外建厂。因此，商务主管部门应及时将国际酒类市场的政策、信息、所需手续传递给白酒企业，便于这些企业做好充分准备；同时，国家也应制定合理、对等的贸易条件，打破不公平的贸易壁垒。四川中国白酒金三角酒业协会也应发挥自身的作用，及时为白酒企业提供动态咨询，保障信息渠道畅通。最后，商务主管部门还应积极创造良好的市场环境。进一步加强市场监管，严厉打击假冒伪劣产品，同时协调好酒类出口企业与商检、海关、税务、外汇、外运等方面的关系，保证企业出口环节高效、顺畅。

3.2.2　中小酒企管理存在的问题

3.2.2.1　酒类生产逐渐向优势企业集中

酒类市场激烈竞争的结果加快了酒类生产向名酒企业集中的步伐。有资料显示，全国130家重点酿酒企业，只有22家的利润逾千万元。而像五粮液、古井贡酒这样的名酒厂家的生产规模在不断扩大，品种逐渐增多，规模经济已经出现。白酒企业之间的"马太效应"更加明显，好的更好，差的更差，已形成两极分化局面。从酒产业的发展趋势来看，走向生产集中的道路是必然趋势，即将会由几家或十几家名酒企业分割全国绝大部分消费市场。国外主要发达国家酒类生产已经走上集中的道路，主要由几家名酒企业分割本国市场。中国的白酒产量以后将稳定在500万吨左右，要使白酒产业展开有序竞争而不造成垄断，以7~8家为宜，这几家企业将主要分割全国市场的绝大部分。

3.2.2.2　中小酒企缺乏品牌意识

当前，中小酒企的品牌建设存在很大的问题，企业对品牌的认识非常片面和肤浅。创建品牌投入巨大、耗费极大，中小白酒企业资源有限不能创建强势品牌，几乎已经成为理论界和企业的共识。有的中小企业则片面地认为创建品牌就是做广告，管理混乱；有的中小企业还停留在家族式管理模式上，管理效率低。营销理念模糊，缺乏战略决断和战略信仰；市场营销成本概念模糊，没有预前投入、可持续投入、战略阶段总核算的概念。中小酒企发展策略智达天下营销顾问机构认为，中小白酒企业必须具备的核心能力包括优质产品生产能力、对成本的控制能力、市场精细化操作能力等。白酒属于特殊食品，不仅要求安全，还要求有良好的品质。

3.2.2.3　中小酒企缺乏人才团队

打造优质人才团队，是企业管理优质产品的保证。企业需要一个稳定的团队，逐步打造一支忠于企业、有战斗力的队伍，并建立一套与之相匹配的人力资源系统，包括人员的储备、引进、培训、管理、考核、激励，制定合理的人才引进机制，以及与之相对应的、适应现状的组织结构。有素养的人才队伍是企业执行力的保证。很多企业不注重人才的培养，一味地追求利益，压榨员工，在大量招聘人员的同时，也在大量地流失人员，这使得企业的人员流动性变得很大，大部分是新手，能够留下来的很少。这就需要企业的管理团队建立一套员工工作系统来留住员工，激发员工的工作热情，才能让企业良性发展。其中，不仅需要管理人才，还需要优秀的酿酒人才。好的酿酒师不仅可以节约成本，还能酿出优质白酒，所以，好的酿酒师是企业产品质量的保证。企业必须要在这方面下功夫，让老员工带年轻员工，保持员工年龄比例合理，才能使企业健康发展。

3.2.2.4　"互联网+中小酒企"成为当今发展的主流

随着5G时代的来临，互联网技术的发展已经到了非常成熟的地步。现代社会，各行各业的发展都能和互联网搭上关系，互联网已经融入我们这个时代的每一个角落。为了搭上互联网这辆快车，各行各业纷纷行动起来，其中包括"互联网+金融""互联网+医疗""互联网+房产"等，都能和互联网联系起来。当然，"互联网+中小酒企"也在其中。什么是"互联网+中小酒企"？简单地说，"互联网+中小酒企"就是把互联网和中小酒企联系在一起，通过互联网的各种高端技术来带动中小酒企的发展。现在全世界的网民有几十亿，通过互联网不仅可以宣传企业、解决小企业融资难问题，还可以给企业带来收益，这种种的利好，让中小企业对互联网备受青睐。例如，以前企业拼死拼活的宣传，发传单、在电视上打广告等，现在企业只需要在社交媒体上发布一个短视频，根据企业以前的知名度，播放量可能就会有好几百万。造成这种现象的原因虽然是多方面的，但最主要的原因还是移动互联网时代的来临。中小酒企只有把握这个趋势，才能走得更远，才能跟上时代的潮流。中小酒企面临的第二个问题，也是影响企业生存的问题——融资。中小酒企很多时候会面临资金短缺的问题。资金链一旦断裂，企业的发展就会受到很大的影响，这时企业就会考虑通过融资和贷款来解决这个问题，一些没有上市的中小酒企此时只有通过贷款来解决问题，而一些上市的中小酒企则会通过融资来解决问题。企业通过互联网融资，这就涉及互联网金融。那么，什么是互联网金融？互联网金融是指传统金融机构与互联网企业利用互联网技术和信息通信技术实现资金融通、支付、投资和信息中介服务的新型金融业务模式。通俗地讲，互联网金融就是互联网和金融相互借助对方的优势来发展，金融业需要互联网平台，互联网行业需要金融业的消费群体。所以，中小酒企发展只有搭上互联网这辆快车，才能持续健康发展，才能顺应时代的潮流。

3.2.3 中小型川酒企业融资难的现状

中小型川酒企业从本质上来说属于中小型企业，而中小型企业作为我国经济新常态下"大众创业，万众创新"的主要载体，其持续健康发展是"供给侧改革"中重要的一环，但融资难一直都是影响其发展的重要因素。下面我们来分析这些中小企业融资困难的一些原因[①]：

3.2.3.1 融资渠道少

融资渠道主要有内部融资和外部融资两种。所谓内部融资，是企业将自身

---

① 程静，胡金林. 互联网金融化解中小企业融资难路径探析[J]. 商业经济研究，2019(1)：172-175.

利润转化为投资的过程，其发展主要依靠自身的盈利能力。据统计调查，有75%的中小企业融资主要依靠内部资源。随着企业的发展，内部融资远远不能满足企业的融资需求，外部融资的作用越来越重要。外部融资分为直接融资和间接融资。直接融资是指企业等不通过金融中介机构发行债券和股票进行的融资活动，间接融资是指通过金融中介机构进行的融资活动。目前，我国资本市场还不完善，大多数中小企业由于自身原因（如规模小、资金少、信用记录不完善）无法通过资本市场直接融资。在融资方面，商业银行一般更倾向于向借款规模稳定的大型企业放贷，而经济效益差、规模小的中小企业很难获得贷款。

3.2.3.2 融资成本高

有90%的中小企业在选择外部融资时更喜欢银行贷款。通常，在提供贷款之前，银行通常会集中调查公司的信用评级和财务状况，以降低自身的风险。由于信息不对称，金融机构调查中小企业的成本往往是大公司的6~8倍，因此银行会提高贷款利率，这将导致中小企业的贷款利率高于大型企业。同时，提高贷款利率将增加中小企业的债务负担，增大金融风险，进一步导致融资困难。由于对私人贷款的要求较低，程序简单，无须提供抵押和担保，一些中小企业将会选择私人贷款。但由于私人贷款利率高，从而使中小企业融资成本进一步提高。

总体来说，川酒乃至全国酒企业现阶段的状况不容乐观。现阶段，白酒产业在国内每一年的业绩斐然，但是要把我们的国酒推广出去还任重道远。接下来，我们也会面临很多问题。怎样解决这些问题还需要我们的酒企业下功夫。白酒产业明面上风光无限，但是能否持续发展还有待市场的检验。

4 互联网金融概述

近年来,互联网金融的快速发展成了我国金融领域备受瞩目的现象,互联网金融在促进普惠金融发展、服务实体经济方面发挥了积极的作用,互联网金融的发展给人们的生活带来了很多新鲜的事物,如 P2P 网贷平台、众筹模式、电子商务平台。

互联网金融与原有的电子金融本质相同,都是利用互联网提供金融服务,这些金融服务包括因为依托互联网而产生的一些新兴金融产业。互联网金融还有一个十分明显的特点就是它有海量的数据积累和强大的数据处理能力。相较于传统的银行融资模式,它可以在很大程度上提高融资效率,降低融资成本,缩短融资时间。我们可以将"互联网金融"理解为,在新的技术条件下,各类传统金融机构、新型金融机构和电商企业依托其海量的数据积累以及强大的数据处理能力,通过互联网渠道和技术所提供的信贷、融资、理财、支付等一系列金融中介服务。

互联网金融具有支付便捷、交易成本低、金融脱媒的特点。它能够增强金融发展的普惠性,能够为中小微企业提供相应的金融服务,让它更加平民化。像支付宝、京东金融这样的平台,降低了人们购买金融产品的门槛,拉近了金融产品与我们这些普通民众之间的距离。互联网金融的产生扩大了金融服务的覆盖面积,传统的金融服务主要集中于经济发达和人口密集的区域,互联网金融使得金融服务不再受到时间与空间的限制。互联网金融的云计算和大数据功能使得互联网金融在风险防控方面尤其是对系统性金融风险的防控方面具有巨大的优势。

当然,互联网金融不是没有缺陷的。准确地说,它是一把双刃剑,在给人们带来方便的同时也带来了很多隐患。例如,互联网金融的进入门槛相较于传统的银行要低,从而使得这个行业变得鱼龙混杂,降低人们的信任度。此外,互联网上的不确定因素太多,这些企业可能会在互联网上因为遭受到黑客的攻击而造成数据信息的泄露,造成大量的经济损失。目前,我国在这方面的立法强度不够,从而造成对互联网金融的监管力度不足。

4.1 互联网金融的概念

互联网金融是指传统金融机构和互联网公司利用互联网技术与信息通信技术,实现资金融通、支付、投资和信息中介服务的新型金融业务模式。互联网金融并不是互联网与金融业的简单结合,而是在安全、移动等网络技术层面上熟悉用户(特别是电子商务的接受程度)后,适应新需求的新模式和新业务。互联网金融是互联网技术与金融功能的有机结合,依托大数据和云计算,在开放的互联网平台上形成功能性金融体系和服务体系,包括基于网络平台的金融市场体系和金融服务体系。金融组织体系、金融产品体系、互联网金融监管体系等,具有不同于传统金融的金融模式,如普惠金融、平台金融、信息金融、碎片金融等。互联网与金融的深度融合是大势所趋,将对金融产品、业务、组织和服务产生更加深刻的影响。互联网金融在促进小微企业发展和扩大就业方面发挥了积极作用。推动互联网金融健康发展,有利于提高金融服务质量和效率,有利于深化金融改革,有利于推动金融创新发展,有利于扩大金融业对外开放,有利于构建一个良好的互联网金融体系和多层次金融体系。互联网金融作为一种新生事物,需要市场驱动、鼓励创新,需要政策扶持来促进发展。互联网金融并没有从根本上超越金融的范畴,所以对网络金融的认识和研究应该从其本质出发。

不同的学者对网络金融的定义有自己的理解。谢平等人(2012)早些时候提出了具有代表性的观点。他们指出,互联网金融模式不同于商业银行的间接融资,它是一种第三种金融融资模式,不同于资本市场的直接融资[①]。吴晓求(2014)指出,互联网金融是指建立在互联网上的投融资运作结构,具有金融功能链和独立生存空间[②]。但值得注意的是,国内金融界所称的"互联网金融"涉及支付、信贷、资金等金融形式。它由多种金融服务组成,具有明显不同的特点,不构成第三方独立投融资,在模式上,其功能并不局限于投融资。鉴于此,谢平等人(2014)提出了一个更宽泛的定义,将互联网金融定

[①] 谢平,邹传伟. 互联网金融模式研究 [J]. 金融研究, 2012 (12).
[②] 吴晓求. 互联网金融:成长的逻辑 [J]. 财贸经济, 2015 (2).

义为一个前瞻性的谱系概念，受互联网技术和互联网精神的影响，从各类金融中介和市场，到瓦尔拉斯一般均衡对应的无金融中介或市场情形之间的所有金融交易和组织形式，是一个弹性很大、极富想象空间的概念[①]。张晶（2014）将互联网金融定义为以互联网为金融产品、服务和信息的商业媒介，利用信息技术重组金融业务相关流程，为客户提供全面的金融服务模式[②]。根据金融服务主体的两个主要维度和金融业的基本功能，将互联网金融分为三个层次：传统金融服务的互联网延伸、互联网中介服务和互联网金融服务。互联网金融对传统金融业的冲击，加大了货币当局宏观调控和监管的难度，造成了金融消费者权益保护体系的缺失。要完善互联网金融立法，加强监管，推进金融机构改革创新，建立健全金融消费者权益保护体系，促进互联网金融可持续发展。龚明华（2014）认为，互联网金融具有包容性、数字化、便捷性的特点。传统银行与传统银行之间存在相互促进、相互补充、相互竞争的关系[③]。互联网金融存在安全问题和合规风险，也增加了系统性风险，所以必须高度重视风险管理，促进行业自律，遵守监管规则。杨东（2015）将互联网金融定义为众筹金融，认为投资者和金融消费者保护问题是互联网金融风险监管的首要问题[④]。因此，金融消费者保护在中国互联网风险暴露、风险分散和鼓励竞争方面有了新的风险导向机制。它也成为金融消费者保护和风险监管的逻辑枢纽。国外经济学家富兰克林·艾伦、詹姆斯·麦克安德鲁斯和菲利普·斯特拉汉的论文《电子金融：导论》将电子金融定义为利用电子通信和电子计算机提供金融服务来创造金融市场的一种方式。谢平认为，互联网金融便捷，市场双方透明度极高。资金供求双方通过互联网直接谈判，绕过传统的银行经纪人，可以实现资源的有效配置，促进经济发展，降低交易成本。谢庆和认为，狭义的互联网金融是指金融服务提供商提供主机，用户终端通过计算机或通信网络，使用带有金融数据和业务流程的软件平台进行操作的金融模式；广义的互联网金融是指前者，同时还包括金融机构、金融市场和监管等外部环境。

当然，也有学者质疑"网络金融"作为一个独立概念的必要性。殷剑峰（2014）指出，"互联网金融"是一种"电子金融"，本质无非利用互联网提供

[①] 谢平，邹传伟，刘海二. 互联网金融监管的必要性与核心原则 [J]. 国际金融研究，2014（8）.
[②] 张晶. 互联网金融：新兴业态、潜在风险与应对之策 [J]. 经济问题探索，2014（4）：81-85.
[③] 龚明华. 互联网金融：特点、影响与风险防范 [J]. 新金融，2014（2）：8-10.
[④] 杨东. 互联网金融风险规制路径 [J]. 中国法学，2015（3）：80-97.

金融服务；互联网金融概念的背后是一些互联网公司进入金融行业的强烈需求[①]。戴险峰（2014）明确指出，所谓的"互联网金融"业务只是传统金融不受监管的一种生存形式[②]。互联网只是一种工具。金融的性质既没有改变，也没有产生可以称为"互联网金融"的新金融，"互联网金融"的概念是不科学的。

网络金融具有透明度高、参与面广、中间成本低等特点。传统金融机构所不具备的一系列比较优势，如支付便捷、信用数据丰富、信息处理效率高等，可以支持更高效的资金配置、信息提供、风险管理和支付清算，从而更好地实现财务职能。因此，我们仍有必要对其进行学术界定和分析。把握网络金融的技术特征和载体是准确界定网络金融的关键。

4.2 互联网金融的发展

互联网金融大致可以分为三个阶段：第一阶段是20世纪90年代至2005年传统金融业的互联网阶段，第二阶段是2006—2011年第三方支付的蓬勃发展阶段，第三阶段是2012年以来互联网实体金融业务的发展阶段。在互联网金融发展的过程中，国内互联网金融呈现出多种经营模式和运行机制。

电子金融是20世纪90年代随着金融业开始采用先进的计算机技术而发展起来的。各种电子数据处理系统、金融信息管理系统和决策支持系统都属于金融电子的范畴。与此同时，电子支付系统和支付信息管理系统的创新与演进也在加速。于是，在金融实践快速发展的浪潮下，网上金融和电子金融的概念应运而生。电子金融又称网络金融，是指以金融电子化建设成果为基础，在互联网上实现的金融活动，包括网上金融机构、网上金融交易、网上金融市场、网上金融监管等。网上金融或电子金融的概念更多的是指传统金融机构或传统金融服务向互联网的延伸。其主要功能是降低金融交易成本，增强互联网平台上的金融服务的可获得性。21世纪以来，互联网的发展不但没有停止而且有加快的趋势，随着云计算、社交网络、移动支付等新技术的突破，大数据成为新发明、新服务、新价值的源泉，从而加快了互联网与移动通信网络的融合进程。这些IT技术的新变化，从供给方面引领了金融服务模式的变革，并对现

---

① 殷剑峰. "互联网金融"的神话与现实 [N]. 上海证券报，2014-04-22.
② 戴险峰. 互联网金融真伪 [J]. 财经，2014（7）.

有的金融模式产生了巨大影响。在供需双方共同推动下，以互联网技术为支撑的各类非传统金融机构应运而生。对传统机构的第一个影响是金融基础设施领域的第三方支付。随后，互联网对金融系统的影响立即从支付清算领域扩大到金融资源配置、风险管理等金融系统核心功能领域。2012 年以来，互联网金融热浪的不断兴起引起了国内学术界的广泛关注。网络金融作为一个学术概念，在我国的各种研究文献中频繁出现。在 2013 年第二季度中国人民银行发布的《中国货币政策执行报告》中，官方文献首次使用"互联网金融"一词。随后，这一术语也被写进 2014 年的政府工作报告，标志着互联网金融的概念已经正式得到认可。

自 2007 年中国第一家 P2P 在线借贷公司——拍拍贷诞生以来，互联网金融在中国已经走过了 10 多年的历史。10 多年来，随着互联网信息技术和金融创新业务的蓬勃发展，互联网金融也取得了快速发展。根据国家互联网金融风险分析技术平台披露的最新数据，截至 2019 年 5 月底，该平台累计收集互联网金融网站 63 505 家，累计在线交易 3.5 万亿元，累计 P2P 在线贷款 3.5 万亿元。P2P 网络借贷成交 7.8 万亿元，累计交易额为 400 亿元，每周互联网金融活跃用户达到 1.35 亿户。从以上数据可以看出，互联网金融已经达到了一个很大的规模，参与者的数量众多，对整个金融业影响很大，充分体现了互联网金融的特点。

互联网金融的快速发展改变了中国目前的金融格局。"互联网+金融领域"包括传统金融机构和非金融机构。传统金融机构主要包括互联网创新和电子商务创新，以及传统金融服务的应用软件；非金融机构主要是指利用互联网技术进行金融业务的电子商务企业，以及 P2P 模式的网络借贷平台。世界主要经济体每一次重要的制度变革，往往都伴随重大的金融创新。我国金融改革正处于互联网金融兴起的趋势。在传统金融业和互联网金融的推动下，我国金融效率、交易结构乃至整个金融结构都将发生深刻变化。在我国，互联网金融的发展主要是由监管套利造成的。互联网金融公司没有资本金要求，不需要接受央行的监管，这是根本原因。从技术角度看，虽然互联网金融有其自身的优势，但它必须考虑合规和风险管理（风险控制）的问题。从政府不断出台的财政金融改革政策不难看出，发展中小企业已成为主旋律，中小企业的重要性已占全国的 98% 以上。中国企业数量在中国经济发展中的作用是显而易见的。从互联网金融的轻应用、碎片化和适时理财的角度来看，与传统的金融机构和渠道相比，它更受中小企业青睐、更符合其发展模式和刚性需求。目前，在销售终端财富管理领域，大量过去未被重视的中小微企业的需求正被拥有大量数据信息和数据分析处理能力的第三方支付机构深度聚焦。随着移动支付产品的推出，这种更便携、更智能、更有针对性的支付体验必将惠及中小微企业。

互联网金融的兴起和发展，给社会生活带来新的变化。很多以互联网金融为基础的新型融资模式越来越多，能够为四川中小酒企发展提供更多的帮助，解决部分中小酒企在发展过程所面临的融资问题，使传统的酿酒产业焕发出新的生机。

近年来，中央提出了发展互联网金融。与此同时，构建互联网金融体系、创新互联网金融的融资方式尤为必要。从融资资金的需求角度来看，互联网金融下的小微企业融资方式，以直接融资和间接融资两种方式为主。但是，现阶段由于资本市场的直接融资门槛相对较高，小微企业的融资水平偏低，因而，只能加强对间接融资方式的利用。从融资资金供给的角度来看，互联网金融模式较多，包括大数据金融、第三方支付、众筹融资等方式。不同的融资方式对互联网金融的发展，均具有较大的影响。因而，研究分析互联网金融与四川中小酒企的融合发展具有现实价值和重要意义。

根据对互联网金融模式下的创新融资分析，点对点的创新融资模式是一种新型融资方式。点对点的创新融资模式，实际上是中小型企业借助第三方互联网中介平台，寻求能够满足中小企业贷款发展的方式。点对点的创新融资模式的特点是，交易成本相对较低，具有一定的风险防控能力，借助互联网传播的速度快，涉及范围相对广泛。在上述特点的支持下，点对点的创新融资模式可以在一定程度上提高中小企业与贷款方信息的对称性水平。借助此种融资模式，四川中小酒企能够自主选择对企业贷款有利的贷款利率，可以有效降低交易成本。多个贷款方的存在，能够分散借款融资的风险。点对点的创新融资模式的具体步骤为：首先，中小企业需要在互联网金融平台上，对比分析有吸引力的利率条件借贷方，并通过初步借贷合作的方式，达成合作意向；其次，以视频或网络认证的方式，借助互联网平台对中小型企业的信用、还款能力等进行考察与审核，确认中小企业的营业执照等；最后，双方借贷匹配成功，并以量化的方式对风险进行防控。四川省中小酒企可以通过上述步骤完成企业所需要的小量融资，促进整个产业集群的发展。

在实际互联网金融发展中，小额贷款的创新融资模式，也是较为新颖的融资手段。该融资模式实际上是大数据下的小额贷款融资模式，是由电商发起设立的贷款公司。其主要目的是为了满足电子商务领域中中小企业融资的需求，经过审核后向其进行融资贷款的模式。小额贷款的创新融资模式的特点是，融资的门槛相对较低，融资下的资金周转速度较快，贷款的灵活性较高。从中小企业提出贷款申请，到获得贷款，整个流程均实现了系统化与网络化，对中小酒企的部分资金问题也能起到很好的帮助作用。大数据的小额贷款创新融资模式的具体步骤为：一方面，在贷款前要对中小企业的还贷能力进行考察。中小企业需要向小额贷款公司提出贷款申请，小额贷款公司接受贷款申请后，将会通过引入网络数据模型的方式，对中小企业的信用程度进行调查，获取中小企业经营的第三方认证数据，掌握中小企业的营业状况、财务数据的真实性，对中小企业还贷能力进行评估。另一方面，在贷款后要定期监控中小企业的发展状况。利用电子商务平台监控的方式，对贷款后的中小企业经营行为进行监控，将其在电子商务网络上的行为转化为信用评价，从而实现对贷款风险的有效控制[1]。

互联网金融的兴起也对中国经济发展产生了相应的影响，特别是对货币政策的影响。首先，互联网金融的兴起对货币理论和货币政策提出了挑战。当人类社会告别纯金属货币时，货币的定义变得模棱两可，互联网技术的发展使这一问题更加复杂。在线支付系统根本不创造货币，但它作为一种货币完全发挥作用[2]。例如，比特币、Q币、亚马逊币、游戏币、论坛币等虚拟货币都是在一定范围内发行的，起着交易媒介和定价的作用。作为一种交易媒介，其数据产品甚至实物产品都可以交易和接受，货币的范围也得到了扩大。因此，如何界定货币就变得越来越困难。这一现象表明，在正规金融体系之外，存在一个以高科技为动力逐步发展起来的私人货币供应体系，而这一过程与央行无关。随着时间的推移，这些新的变化可能会颠覆现有的传统货币体系，削弱央行对货币总量的控制，从而对宏观调控的有效性构成严峻挑战。货币当局和经济学家如何根据新现象重构货币理论和货币政策，已成为一个至关重要的核心问题。其次，互联网金融的兴起对已经提供给市场的货币有条件转移过程产生了全方位的影响。这是因为，基于实体经济运行的大数据在一定程度上克服了信息不对称，非传统金融机构可以在交易过程中创造信用，这使得互联网金融拥有一系列众多的传统金融机构。比较优势可以支持更有效的资金配置、信息提供、风险管理和支付清算。因此，在互联网金融产品一系列"创造性破坏"

---

[1] 张鸿, 刘修征. "互联网+"背景下农村电子商务发展路径探析：以陕西省为例 [J]. 江苏农业科学, 2018, 46（5）：324-328.

[2] 董昀, 费兆奇. 后危机时代的货币理论与货币政策："金融危机与货币政策"学术研讨会综述 [J]. 金融评论, 2012（4）.

的冲击下，金融市场竞争加剧，银行负债的资本成本大幅上升，垄断利润开始大幅萎缩，各种金融机构的"奶酪"都被新兴的互联网金融机构侵蚀，加速了金融脱媒的进程。

4.3 国内外互联网金融研究现状

4.3.1 国内互联网金融研究现状

20世纪70年代以来，在中国金融电子化过程中，网络金融的发展奠定了良好的基础。通过近三十年的发展，已经初步形成了金融需要互联网的基本技术和操作框架。通过网络洗礼之后的外资银行，进入中国市场以后，在网络化、电子化上已经快人一步。作为现代金融和信息网络技术相结合的产物，网络金融的出现必然会对中国现存的金融组织体系造成致命的一击，并且金融监管上也会面对全新挑战。因此，既拥有全球最大的市场，又面临严峻考验的中国网络金融，要在应对全球金融服务提供商的挑战过程中抓住机遇。

互联网金融首次被写入政府工作报告。国务院总理李克强2014年3月5日在十二届全国人大二次会议上作政府工作报告时说，促进互联网金融健康发展，完善金融监管协调机制，密切监测跨境资本流动，守住不发生系统性和区域性金融风险的底线。让金融成为一池活水，更好地浇灌小微企业、"三农"等实体经济之树。这是历届政府工作报告中首次提及互联网金融，促进互联网金融健康发展，这无疑成为互联网金融持续发展的有利信号。这意味着互联网金融正式进入决策层视野，加入中国经济金融发展序列，成为中国经济金融发展中一股潜力巨大的金融创新力量，为我国金融业发展打开了一扇新的大门。

4.3.2 国外互联网金融研究现状

国外金融业在互联网出现不久就开始将业务实现方式向网络方向延伸拓展。互联网与金融之间的关系主要表现为以互联网为代表的多种信息技术手段对传统金融服务的推动作用，即传统金融业务通过互联网手段实现了服务的延伸，是一个互联网化的过程。主要表现在：国外商业银行传统业务通过互联网、手机、掌上电脑等终端设备实现银行业务功能；券商建立互联网平台以实现让客户通过网络完成证券交易；保险公司依托互联网交易平台实现保单出单和在线理赔；通过互联网平台实现资产管理等业务。这些业务的本质是技术创新带来的银行传统业务渠道的信息化升级。其中，较为典型的早期创新是美国

Wells Fargo 银行于 1995 年 5 月向公众提供 Web 通道办理银行业务，早期的网页服务在功能多样化和安全性上较如今的水平相差很远，但这拉开了互联网技术在金融业务中取得长足发展的序幕。

以美国金融市场为代表的西方发达国家金融体系经过长期的发展演变以后，其自身的服务和产品较为完善。各金融机构在互联网技术出现的初期即开始了对自身的信息化改造和升级。金融的互联网化对传统金融机构的强势地位起到了巩固作用。在强大的传统金融体系中，诸如 P2P、众筹业务平台等新型互联网企业将市场瞄准了传统金融企业涉及不到的新领域里。美国的 LendingClub 每年平均完成小额贷款交易量 8.3 万笔，涉及金额 10 亿美元，Posper 平台 2010—2013 年每年的业务增长率平均超过 100%，利息浮动空间为 5.6%~35.8%，违约率为 1.5%~10%。2012 年，美国众筹模式平台 Kickstarter 累计完成项目融资 1.8 万个，涉及金额 3.2 亿美元，另外向 220 万名普通网民提供资金，出资者是来自除美国以外的 177 个国家。从美国互联网金融运行情况来看，互联网金融产品对传统的银行业务没有冲击作用，反而在促进资金供求调配、弥补传统金融业务不足方面起到了积极作用。

美国基于互联网的新金融业态迅速发展起来。其发展历程可以分为三个阶段：第一阶段，20 世纪 90 年代早期，传统金融机构进行信息化革命。此阶段处在信息化兴起的过程中，传统金融业务建立在信息化体系和进行业务流程再造的过程中，使得互联网成为金融业务内嵌式的软件框架，二者有机地融合起来，从而使美国甚至全球金融体系一体化进程大大地加快了，并形成了全球性的金融信息化和支付体系。第二阶段，20 世纪 90 年代中后期，基于传统业务和互联网融合的创新性业务探索与实践的阶段。区别于上阶段的电子银行，此阶段出现了纯粹的、没有任何网点实体柜台的"网络银行"等网络型企业。网上发行证券、网上销售保险、网上理财等业务模式也不断涌现。此时，美国的互联网金融仍然是基于传统业务的升级，但逐步呈现出相对独立的经营业态。在 1995 年成立的美国安全第一网络银行 SFNB（Security First Network Bank，SFNB）是全球第一家无任何分支机构的"只有一个站点的银行"，前台业务在网上进行，后台处理集中在一个地点进行。第三阶段，21 世纪以来，有别于传统金融业务的互联网金融蓬勃发展起来，主要是非传统信贷业务、支付体系的变迁以及虚拟货币的发展。一方面，基于互联网的信用与资金融通业务发展起来。2005 年，美国第一家 P2P 借贷平台 Prosper 成立，这是美国互联网信贷业务发展的新起点。另一方面，基于智能终端的普及，非传统支付迅猛发展起来，非金融企业利用互联网积极推进业务支付的网络化是其发展的基础动力,比如 Facebook 的 Credits 支付系统、PayPal 的微支付系统、Square 公司的读卡系统以及星巴克的移动支付程序等。

互联网金融在美国发展的三个阶段恰好是互联网金融由浅入深的三个阶段。第一阶段,传统金融机构借助互联网技术的革新为整个金融系统提供信息化服务;第二阶段,互联网金融和传统金融的初探索,传统金融机构的部分金融业务转移到网络上;第三阶段,互联网金融基于智能终端的普及开始向非金融领域扩展。

4.4 互联网金融的特点

4.4.1 低成本

在互联网金融模式下,资金供求双方都可以通过网络平台自行完成信息筛选、匹配、定价和交易,无须传统中介,无交易成本和垄断利润。一方面,金融机构可以避免开设网点的资金投入和运营成本;另一方面,消费者可以在公开透明的平台上快速找到合适的金融产品,降低信息不对称程度,节省时间和精力。

4.4.2 高效率

互联网金融业务以计算机为主,操作流程完全规范。客户无须排队等候,业务处理速度更快,用户体验更好。比如阿里小额贷款就是依靠电子商务积累的信用数据库,在数据挖掘和分析之后,介绍了风险分析和信用调查模型。商家向发行方申请贷款只需几秒,每天贷款可以完成 1 万笔,成为真正的"信贷工厂"。

4.4.3 覆盖面广

在互联网金融模式下,客户可以突破时间和地理的限制,在互联网上找到所需要的金融资源,金融服务更加直接。此外,互联网金融客户以小微企业为主,覆盖了传统金融业的一些金融服务盲区,有利于提高资源配置效率,促进实体经济发展。

4.4.4 发展快速

依托大数据和电子商务的发展,互联网金融发展迅速。以余额宝为例,余额宝上线 18 天，累计用户超过 250 万人，累计转移资金 66 亿元。据介绍，余额宝的募款规模为 500 亿元，是最大的公共基金。

4.4.5 管理难度大

一是风险控制能力弱。互联网金融既未接入中国人民银行征信中心个人信用信息服务平台，也没有信用信息共享机制。它没有类似的银行风险控制、合规和催收机制，容易出现各类风险问题。二是监管难度大。互联网金融在中国尚处于起步阶段，缺乏有效的监管和法律约束，同时整个行业面临许多政策和法律风险。

4.4.6 风险大

一是信贷风险很高。现阶段，我国的信用体系还不完善，互联网金融的相关法律还没有配套。网络金融违约成本相对较低，容易诱发恶意欺诈贷款、批量挤兑等风险。尤其是 P2P 网络借贷平台，由于进入门槛低、缺乏监管，容易成为非法集资、诈骗等违法犯罪活动的温床。二是网络安全风险高。我国网络安全问题突出，网络金融犯罪问题不容忽视。一旦遭遇黑客攻击，将影响互联网金融的正常运行，危及消费者的金融安全和个人信息安全。

4.5 互联网金融的主要形式

我们可以将互联网金融分为以下几类：第三方支付、P2P 网络借贷、众筹、数字货币、大数据金融、信息化金融机构、金融门户。

4.5.1 第三方支付

第三方支付是指具有一定实力和信用担保的独立机构，通过与互联网对接，方便双方交易的在线支付模式。目前，国内较为成熟的第三方支付产品主要有支付宝、拉卡拉、微信支付等。

第三方支付解决了电子商务过程中买卖双方的信任问题。它的方便快捷使其逐渐成为个人和企业的首选支付方式。在第三方支付中，互联网支付用户最常用的支付方式是网上银行、ATM 支付、固定 POS 支付、移动 POS 支付和电话支付。网络经济的快速发展环境为我国第三方支付行业的发展提供了良好的交易环境。根据交易者的支付方式，第三方支付分为第三方互联网支付和第三方移动支付。无论是第三方互联网支付还是第三方移动支付，都在向纵深发展。其支付方式涵盖了当前电子商务所涵盖的 B2B、B2C、C2C、O2O、C2F 等领域，促进了企业和个人的使用。支付宝、微信支付等第三方支付方式在不同场景下进行支付，有效拉动了我国 GDP 的增长。

第三方支付具有以下特点：一是第三方支付平台提供了一系列应用接口程序，将各种银行卡支付方式集成到一个接口中，负责与银行进行交易结算对接，实现网上支付；二是第三方支付平台本身附属于一个大型门户网站，并以与之合作银行的信用作为信用。因此，第三方支付平台能够迅速解决网上交易中的信用问题，这有利于促进电子商务的快速发展。

当然，第三方支付也有相应的优势和劣势。其中，优势包括成本优势、竞争优势和创新优势。成本优势是指支付平台降低了政府、企业、事业单位之间的直接银行业务成本，满足了公司重点发展网上业务的支付要求；竞争优势主要是指第三方支付平台的利益中立，避免与服务型企业的竞争；创新优势是指第三方支付平台的个性化服务，使其能够根据服务企业市场竞争和业务发展的创新商业模式，同时开展个性化支付和结算服务。对商家来说，第三方支付平台可以避免无法收到客户支付的风险，可以为客户提供多种支付工具；对客户来说，不仅可以避免收不到货物的风险，而且在一定程度上保证了货物的质量，增强了客户对网上交易的信心；对银行来说，第三方支付平台可以扩大业务范围，同时也节省了为大量中小企业提供网关接口的开发和维护成本。由此可见，第三方支付模式有效地保护了交易各方的利益，为整个交易的顺利进行提供了支撑。当然，第三方支付也存在一些不足。一是风险问题。在电子支付过程中，资金会被保留在第三方支付服务商那里。如果没有有效的流动性管理，则可能存在金融安全和支付风险。二是对电子支付管理资质的认识、保护与发展。第三方支付结算属于支付清算机构提供的非银行金融服务，银行将以许可证的形式提高门槛。因此，对那些从事金融业务的第三方支付公司来说，面临的挑战不仅是如何盈利，更重要的是能否拿到第三方支付服务牌照。三是业务创新。目前，世界上有手机的人比有电脑的人多，与纯在线支付相比，移动支付将发挥更大的作用。因此，第三方支付能否利用这一契机，完善其商业模式，将决定第三方支付能否最终走出困境、获得发展。四是恶性竞争问题。电子支付行业存在恶性竞争，给电子商务行业的发展带来负面影响。我国有 40 多家专业电子支付公司，大部分支付公司和银行使用纯技术的网关接入服务。2014 年，全国"两会"召开后，央行进一步加大了对互联网金融的监管力度。业内专家指出，在当前付费革命创新的大潮下，央行对互联网金融的监管有利于市场回调、权益平衡，减少风险积累。同时，这也是进一步加强第三方支付公司完善自身风险控制和安全体系的有效措施。

4.5.2 P2P 网络借贷

P2P 网络借贷又称点对点网络借贷，是一种集合小额资金向有资金需求的人借贷的私人小额贷款模式。它属于民间小额贷款，是利用互联网和移动互联网技术的互联网信贷平台提供相关的金融服务。

P2P 网络借贷是一种商业模式。其社会价值主要体现在满足个人资金需求、建立个人信用体系和提高闲置资金利用率三个方面。互联网信用公司（第三方公司和网站）作为中介平台，通过互联网和移动互联网技术提供信息，通过交易网络平台满足借贷双方各自的借贷需求。借款人在平台上发布贷款信息，投资者竞相向借款人放贷，借款人和贷款人可以自由投标，在平台上达成交易。在贷款过程中，资金、合同、手续等都是通过网络实现的。

目前，P2P 主要可分为以下五类，即银行部门、上市公司、国有部门、民营部门和风险投资系统。其中，银行系统 P2P 具有一些天然优势：资金充裕、流动性充足；项目来源质量优良，大多来自银行原有的中小客户；风险控制能力强。P2P 市场持续火爆，上市公司资本实力雄厚。其原因可以概括为以下三个方面：一是传统业务后续增长乏力，上市公司寻求多元化，寻求新的利润增长点。二是上市公司从产业链上下游的角度，构建供应链，打造金融供应链体系。多年来，上市公司一直在深入地参与其领域的细分，熟悉产业链上下游企业情况，掌握其经营风险和交易的真实性，很容易找到高质量的借款人，并确保融资安全。三是 P2P 概念受到资本的追捧，上市公司从市场价值管理的角度介入互联网金融领域。借助火热的互联网理财理念，或者通过收购 P2P 公司合并报表，可以帮助上市公司实现短期的市值管理目标。国有资产 P2P 的优势体现在以下几个方面：一是有国有背景股东的隐性认可，支付能力得到保障；二是国有资产 P2P 平台是从国有金融机构中诞生的。国有资产 P2P 平台的弊端也非常明显：一是缺乏互联网基因；二是从投资方面看，启动投资的门槛较高，回报率不具有吸引力——其平均年投资收益率为 11%，远低于 P2P 行业的平均年投资收益率；三是从融资的角度来看，由于项目目标较大，产品类型有限，大部分是企业信用贷款，且审查层层递进，该机制严重影响了平台的运行效率。目前，民营企业 P2P 平台数量最多，起步最早，一些私人 P2P 在线借贷平台已经成长为行业领袖。这类平台的优势体现在：一是具有普惠金融的特点，门槛极低；二是投资收益率具有吸引力，大多为 15%~20%，P2P

行业处于更高的水平。然而，民营企业 P2P 平台的缺点也很明显，如风险高。虽然民营企业 P2P 平台并不具备强大的银行背景，但民营企业 P2P 平台具有较强的互联网思维、较高的产品创新能力和市场化程度。投资起点低，收益高，手续方便，客户群几乎覆盖了各类投资人群。截至 2015 年 9 月 29 日，全国共有 63 家平台获得风险投资，融资次数约为 83 次。获取风险投资的平台大多分布在北京、上海、广东等地，这些平台大多以"担保标的"为主，注册资本大多在 1 000 万元以下。一方面，风险投资可以在一定程度上增加平台的信任度，有利于扩大运营规模，提高风险承受能力；另一方面，风险投资的引入是否会引发 P2P 平台扩大经营规模、放松风险控制，这值得我们思考。由此可见，风险投资并不能完全规避 P2P 平台的信用风险和经营风险。

我国 P2P 在线借贷平台发展迅速，具有高成长性、阶段性、平台类型多样化等特点。2005 年，全球首个 P2P 在线借贷平台 Zopa 在英国成立。2007 年 8 月，中国首个纯在线贷款平台——拍拍贷正式上线。P2P 在线借贷行业依赖于较低的利率、良好的客户体验、较高的业务效率、广泛的服务，已经在中国扎根，它有效填补了小额贷款金融市场的空白，成为中小企业与民间资本之间的桥梁。政府支持、云技术和大数据的使用为该行业注入了活力。在过去的五年里，我国 P2P 在线借贷行业经历了爆炸性的增长。截至 2017 年年底，我国 P2P 在线借贷平台数量达到 1 931 家，交易额为 280 844.9 亿元，成为网上贷款交易规模最大的国家。一方面，网上借贷平台数量急剧增加；另一方面，也出现了平台运营困难或者跑路的现象，暴露出它们在运营和监管能力上的不足。法律风险、道德风险、技术风险和信用风险不容忽视。截至 2018 年 4 月，全国正常运行平台仅有 1 883 个，而问题平台就有 4 198 个。针对 P2P 行业存在的一些风险问题，国家也出台了相应的措施。2015 年 2 月 10 日，第一家银行 P2P 基金托管平台成立。

为了控制 P2P 网络借贷平台的风险，国家取消了 P2P 的进入壁垒和监管，实施了负面清单管理。显然，网上借贷机构不得吸收公众存款、提供担保或承诺保护权益等 12 项被禁止的行为。这 12 项被禁止的行为包括：

（一）利用机构互联网平台为借款人自行或与其有关联的借款人融资；

（二）直接或者间接接受、筹集贷款人的资金；

（三）向贷款人提供担保或承诺保护权益；

（四）向非实名制注册用户推广或者推广融资项目；

（五）发放贷款，法律法规另有规定的除外；

（六）划分融资期限；

（七）销售银行理财、证券业务、基金、保险、信托产品；

（八）除法律法规和有关网上借贷的监管要求外，还应当与其他机构进行任何形式的混合、捆绑、代理投资、代理销售、推广、经纪等；

（九）故意虚构、夸大融资项目的真实性、收益前景，隐瞒融资项目的风险和风险，以含糊不清的语言或者其他欺骗手段进行虚假片面的宣传、促销等，编造、散布虚假信息或不完整信息，损害他人商业信誉，误导出借人或借款人；

（十）为融资融券提供信息中介服务；

（十一）从事股权众筹和实物众筹；

（十二）法律法规、网上借贷等有关规定禁止的其他活动。

从风险控制的角度来看，大多数 P2P 网络借贷平台并没有对项目本身进行风险控制，而是由自身和第三方提供担保。风险管理模式有担保抵押模式、风险准备金模式、保险模式等。目前，国内 P2P 网络借贷平台的定价模式仍在探索中，风险定价、成本加成定价和竞价定价并存。在实践中，为了增加人气，P2P 网络借贷平台往往会向借款人收取费用，对投资者收取较少或不收取费用，甚至会向投资者提供各种补贴。P2P 网络借贷平台的资金留存方式还包括"资金池"模式、第三方支付托管模式、银行大账户托管模式等。

对投资者来说，P2P 网络借贷平台存在一定的投资风险。一是简单的自融模式。他们大多采取高息拆标的方式，利用投资者的逐利心理进行融资。二是多平台自融自担保模式。平台控制员还同时建立多个平台，平台之间的资金相互借用，以满足自融的需要。平台和担保公司属于同一个人或同一个集团公司。三是短期欺诈。他们利用投资者快速赚钱的心理，利用充值返还现金以及"秒标""天标"吸引客户投资，然后在第一个还款期到来之前卷款潜逃。四是"庞氏骗局"。投资者的钱并没有进入真正的借款人手中，而是在平台上空转。资金始终控制在平台控制人和股东的账户中。一旦平台无法支撑或无法获得足够收入，实际控制人将卷款潜逃。

针对 P2P 网络借贷存在的这一系列风险，2016 年 5 月，由国务院牵头、14 个部委参与、为期一年的全国性互联网金融专项整治工作正式启动。这次整治工作以此前出台的《互联网金融风险专项整治工作实施方案》（以下简称"《方案》"）为基础，各地政府针对该方案因地制宜，进行研讨和完善。《方案》提出对 P2P 平台进行重点整治。首先，要"严格准入管理"，要求设立金融机构、从事金融活动，必须依法接受准入管理。其次，强调"互联网企业未取得相关金融业务资质不得依托互联网开展相应业务，开展业务的实质应符合取得的业务资质"。对于未经相关有权部门批准或备案从事金融活动的,由金融管理部门会同工商部门予以认定和查处,情节严重的,予以取缔。从各地来看,北京、上海、深圳等地方的工商部门先后停止"投资类""互联网金融类"等企业注册登记。《方案》中指出,对互联网金融从业机构的资金账户、股东身份、资金来源和资金运用等情况进行全面监测,这意味着自融、资金流向不清晰、税务等问题都将全面暴露。《方案》中规定,平台不得发放贷款,不得非法集资,不得自融自保、代替客户承诺保本保息、期限错配、期限拆分、虚假宣传、虚构标的等。《方案》还要求推行"重奖重罚"制度,针对互联网金融违法违规活动隐蔽性强的特点,发挥社会监督作用,建立举报制度,出台举报规则,在中国互联网金融协会设立举报平台,鼓励通过"信用中国"网站等渠道举报,为这次专项整治工作提供线索。按违法违规经营数额的一定比例进行处罚,提高违法成本,对提供线索的举报人给予奖励,奖励资金列入各级财政预算,强化正面激励。

2016 年 9 月 8 日,中国互联网金融协会官方网站正式上线。其设立的互联网金融举报平台,除了给互联网金融消费者一个举报的窗口外,一些较大规模的非法集资案件,也需要群众提供线索侦破。《方案》要求,加强对互联网金融从业机构资金账户及跨行清算的集中管理,对互联网金融从业机构的资金账户、股东身份、资金来源和资金运用等情况进行全面监测。严格要求互联网金融从业机构落实客户资金第三方存管制度,存管银行要加强对相关资金账户的监督。在整治过程中,特别要做好对客户资金的保护工作。

4.5.3 众筹

众筹是指以"团购+预购"的形式向网民募集项目资金的方式。众筹也被称为公共筹资或群众筹资,主要由赞助商、投资者和平台组成。这种模式在国际上还处于初级阶段,但发展非常迅速。众筹利用互联网和社交网络服务的特点,让小企业、艺术家或个人向公众展示自己的想法,得到大家的关注和支持,然后获得所需的财政援助。现代众筹是指通过互联网发布募捐项目并筹集资金。与传统的融资方式相比,众筹更加开放,获得资金的能力不再以项目的商业价值为参考标准。只要是用户喜欢的项目,都可以通过众筹获得项目推出的第一笔资金,这为更多的小企业提供了无限的可能性。

众筹主要有以下特点:

(1) 低门槛。不分身份、地位、职业、年龄、性别,只要有创意和创造力,就可以开始一个项目。

（2）多样性。众筹的方向是多样的，国内众筹网站的项目类别包括设计、技术、音乐、影视、食品、漫画、出版、游戏、摄影等。

（3）依靠群众的力量。支持者通常是普通的民众，而不是公司、企业或风险投资家。

（4）注重创意。发起者只有实现自己的创意（设计图纸、成品、策划等），才能通过平台评审，而不仅仅是一个概念或一个想法，要具有可操作性。

众筹也有自己的一套规则。首先，筹款项目必须在发起人预定的时间内达到或超过目标金额才能成功。其次，在规定的天数内，达到或超过目标金额，项目成功，发起人可以获得资金；募捐项目完成后，资助人将提前收到发起人承诺的回报，奖励既可以是实物奖励也可以是服务。如果该项目未能筹集到资金，那么这些资金将被返还给支持者。最后，我们应该知道，众筹不是捐款，所有支持者都必须有相应的回报。

众筹并不是凭空出现的，而是近年来逐渐发展起来的。众筹原本是艺术家们努力为自己的创作筹集资金的一种手段，现在已经演变成初创企业和个人为自己的项目争取资金的渠道。众筹网站使任何有创意的人都能从几乎完全陌生的人那里筹集资金，消除了传统投资者和机构融资的许多障碍。众筹的兴起源于美国 Kickstarter 网站。该网站建立了在线平台来面对公共资金，让有创造力的人获得他们实现梦想所需的资金。每个普通人都可以通过众筹模式获得一定创作或活动的资金，使融资来源不再局限于风险投资等机构。众筹在欧洲和美国逐渐成熟，并扩展到亚洲、南美洲和非洲等发展中地区。

与其他融资方式相比，众筹有其独特的优势。一般来说，传统的风险投资项目来源于网络推荐，即各网站提交的信息，而众筹平台则为风险投资公司带来更多的项目，并有更高效的项目评审机制。它可以更快地与企业家沟通，使投资决策过程更加合理。风险投资商每天都会收到几十份不同格式的商业计划书，有些还缺乏必要的数据。众筹平台对公司进行分类，并以标准格式呈现，这为投资者节省了大量时间。众筹平台将要求该公司提供一些必要的数据，以帮助投资者做出决策。标准化的项目演示和商业计划节省了风险投资的时间。他们不必亲自搜索特定的信息，由于格式不同，这些信息往往很难找到。众筹平台可以帮助企业家了解如何准备和展示他们的项目，以吸引更多的投资者。此外，众筹平台可以加快信息共享、谈判和融资的速度。众筹平台被成千上万的投资者使用。众筹平台也可以用来测试产品和服务的利弊。像 Kickstarter 这样的平台允许年满 18 岁的任何人参与，允许大量早期支持者帮助测试产品和服务，之后投资者可以决定是否进一步参与。一个很好的例子是 Oculus Rift，它首先赢得240万美元的众筹，然后从风险投资公司 Andreeen Horowitz 获得7 500万美元的融资。现阶段，投资型众筹平台的资本结构需要进一步调整，以符合风险投资界的标准。

4.5.4 数字货币

以比特币等数字货币为代表的互联网货币出现，从某种意义上说，这比其他任何互联网金融形式都更具颠覆性。2013年8月19日，德国政府正式承认比特币的合法"货币"的地位，比特币可用于缴税和其他合法用途，德国也成为全球首个认可比特币的国家。

比特币炒得火热，也跌得惨烈。比特币也许会颠覆传统金融成长为首个全球货币，也许会最终走向崩盘。不管怎样，可以肯定的是，比特币会给人类留下一笔永恒的遗产。

4.5.5 大数据金融

大数据金融是指集合海量非结构化数据，通过对其进行实时分析，可以为互联网金融机构提供客户全方位信息，通过分析与挖掘客户的交易和消费信息掌握客户的消费习惯，并准确预测客户行为，使金融机构与金融服务平台在营销和风险控制方面有的放矢。

基于大数据的金融服务平台主要是指拥有海量数据的电子商务企业开展的金融服务。大数据的关键是从大量数据中快速获取有用信息的能力，或者是从大数据资产中快速变现利用的能力。因此，大数据的信息处理往往以云计算为基础。

4.5.6 信息化金融机构

信息化金融机构是指通过采用信息技术，对传统运营流程进行改造或重构，实现经营、管理全面电子化的银行、证券和保险等金融机构。金融信息化是金融业发展趋势之一，而信息化金融机构则是金融创新的产物。

从整个金融行业来看，银行的信息化建设一直处于业内领先水平，不仅具有国际领先的金融信息技术平台，建成了由自助银行、电话银行、手机银行和网上银行构成的电子银行立体服务体系，而且以数据集中工程在业内独领风骚，其除了基于互联网的创新金融服务之外，还形成了"门户""网银、金融产品超市、电商"的一拖三的金融电商创新服务模式。

4.5.7 金融门户

互联网金融门户是指利用互联网进行金融产品的销售以及为金融产品销售提供第三方服务的平台。它的核心是采用金融产品垂直比价的方式，将各金融机构的产品放在平台上，用户通过对比挑选合适的金融产品。

互联网金融门户多元化创新发展，形成了提供高端理财投资服务和理财产品的第三方理财机构，提供保险产品咨询、比价、购买服务的保险门户网站等。

4.6　互联网金融业态

随着社会生产力的发展和经济发展水平的提高，互联网金融作为一种创新金融体制在经济社会正蓬勃发展，实体经济与互联网的关系也越来越密切。依托大数据和云计算等高科技的发展，互联网金融对满足中小酒企的长期发展具有重要意义，特别体现在可以迅速且高效地满足中小酒企的融资需求，从而带动实体经济的发展。通过具体阐述新业态和实体经济的内涵，分析互联网金融新业态与实体经济的关系可以更好地探讨如何促进互联网金融新业态与实体经济的发展。

新业态是指基于不同产业间的组合、企业内部价值链和外部产业链环节的分化、融合、行业跨界整合以及嫁接信息及互联网技术所形成的新型企业、商业乃至产业的组织形态。信息技术革命、消费者需求和产业升级是新业态形成的根本因素。首先，在现代化和工业化发展历史中，信息技术革命对新业态的产生与发展起着决定性的作用。从个人电脑到互联网，再到目前应用广泛的大数据、云计算以及方兴未艾的 5G 移动互联，信息技术发展的每一步都带来了新业态的诞生，互联网金融也不例外。随着电子信息系统在企业中的广泛应用，"互联网+金融"新业态逐渐发展起来。例如，在中小酒企的生产过程中，通过将信息技术与生产过程相互融合，促进产业链端的生产服务环节与加工制造环节分离，提高了企业的生产效率，有效节约了人力和物力资源，从而促使新业态组织形式的形成。其次，消费者需求在推动新业态的形成中所起到的作用也不容忽视。随着大数据和云计算技术的发展与不断成熟，企业以此为依托，更清晰、准确地辨别出消费者的消费趋势，抓住消费者的心理，以消费者的需求为导向不断调整产品结构，实现为每一位顾客定制个性化的服务目标，从而降低成本，提高效益。最后，产业的不断升级为新业态的出现注入了活力。"互联网+金融"新业态的出现促使企业不断转变发展观念，当今时代已不再是一个缺乏生产力的时代，生产力过剩所引起的问题需要通过产业结构的不断升级优化来解决，单纯追求企业利润最大化也不被认为是一个可行的目标，因为消费者的需求早已超出了物质层面的需求，企业需要创造一个全新的业态模式去满足消费者多元化的需求，四川中小酒企可以立足于当地源远流长的酿酒文化针对自身特色产品进行具有针对性的创新。

新业态的出现依赖于"互联网金融"和实体经济的相互关联。随着信息技术的发展，互联网金融正逐步取代传统的业务模式，已经成为人们日常生活中不可或缺的一部分。"互联网金融"模式是一种全新的消费模式，给实体经济发展带来了全新的机遇。互联网金融在提供便捷服务的同时，还可以摆脱实体经济必须面对面交易的限制，一定程度上改变了人们的生活方式。它是实体经济发展道路上的引导者，两者的融合会使其发挥各自的长处，进而促进经济的繁荣发展。当然，互联网金融不能完全取代实体经济。实体经济是一种流通性经济，具有主导、有形、载体、下降四个特点，包含了社会的各个行业。实体经济为人们提供了基本的生活物质资料。如果说实体经济是"根"，那么互联网金融就是土壤，为实体经济的发展不断注入养分，为人们的生活增添了色彩与活力。

不同于实体经济的是，互联网金融这一新业态在我国处于发展的初期阶段，因此它还未形成一个成熟的制度框架，只有在健全的框架内运行，才可以对实体经济的发展起到助推器和润滑剂的作用。就我国而言，目前针对互联网金融的相关法律法规少之又少，缺少相关法律制度的约束。政府等相关部门需要将注意力集中在搭建一个合理有效的互联网金融合理框架上，从而对其产生一定的约束力。首先，在搭建这个框架的过程中，相关工作人员需要设立一个平台进入标准：淘汰信用较差的平台，保证只有优质的平台才能在互联网金融新业态下有效运作。其次，由于互联网时代下信息流动的公开性和流动性，建立健全信息监管制度也非常关键，要确保信息在平台内流通的公开性和完整性，保证其透明度，同时健全问责制，挑选合适的工作人员对信息流动过程进行监督。最后，平台搭建过程中的风险控制也非常重要。互联网的加入让传统的金融行业不仅面临最初的信用风险和结算风险，还增加了网络金融的流动风险和运行风险。基于互联网流通性和受众范围，应该成立相关的风险控制委员会，将互联网金融风险的管控放在制度监督的核心位置，对融资企业进行详细的风险评估，包括对企业信用度和项目合理性的评估，并且要对融资后的企业进行后期的跟踪调查，从而将风险降至最低。

与此同时，四川中小酒企应当重视与银行之间的合作。在通常情况下，银行只会为大型企业提供信用借贷服务，而中小企业由于自身经营范围受限，不能进行抵押物的担保，因此不能获得银行机构的授信。互联网金融企业以其精简的业务流程往往能够吸引且留住大批量客户，由于客户对互联网金融的依赖性，他们通常会将信息数据库中的数据作为评判企业信用状况的重要依据。因此，对与互联网金融相融合的中小酒企来说，加强与银行之间的合作至关重要。这些中小酒企可以充分利用银行的资金规模，满足自身资金周转，以此来解决融资难的问题。通过与银行数据之间的有效对接，可以减少金融风险发生的次数，进一步完善互联网业态的整体模式，促进四川中小酒企产业集群的发展。

4.7 互联网金融风险及防范

目前，我国互联网金融仍处于发展初期，面临网络技术风险、法律风险及信用机制不健全的风险。伴随互联网金融的发展，不规范运营的企业引发的风险事件接连不断。例如，e租宝、善林金融、钱宝网等事件，都涉及利用互联网进行非法集资。e租宝非法集资金额超过500亿元。此外，还有利用互联网渠道非法经营保险业务，以及进行大量的虚假广告宣传等。违规经营互联网金融业务的行为扰乱了正常的经营秩序，也严重影响正当的金融业务创新。如何有效防范互联网金融风险，牢牢守住不发生系统性金融风险的底线，促进互联网金融行业健康发展是一个十分重要的问题。因此，在互联网金融发展过程中，针对互联网金融面临的各种风险，需要采取切实有效的防范措施，保证互联网金融健康平稳地运行发展。

首先关于互联网金融中可能会面临的风险，我国的众多学者对此提出了一些自己的观点。刘梅（2019）认为，互联网金融发展主要面临三个方面的问题：一是外部监管及法律规范缺失，行业自律不完善；二是信用信息交换比较困难，违约成本低；三是技术存在潜在风险，平台安全面临考验。促进互联网金融发展就必须密切关注，防止互联网金融业务风险蔓延[①]。推动形成互联网

---

① 刘梅. 互联网金融风险防范的难点及解决思路 [J]. 西南民族大学学报（人文版），2019，40（9）：119-123.

金融行业自律，提高正规金融机构普惠金融服务能力，加大金融知识普及力度，完善法律法规。黎来芳、牛尊（2017）分析了互联网金融的风险成因和风险特点以及风险监管的难点，认为金融业本身的高风险性和互联网具有放大金融风险的特点，风险类型复杂、传播快、关联性强。同时，他们提出了健全法律法规、完善监管协调机制、建设征信体系等建议[1]。闫真宇（2013）认为，与传统金融风险相比，互联网金融具有法律政策、业务管理、网络技术、货币政策和洗钱犯罪风险，并提出需要完善法律法规、促进互联网金融监管合作、出台支持互联网金融产业发展政策、完善互联网信息技术、建立消费者权益保护机制、加强互联网金融行业的自律管理[2]。李克穆（2016）认为，互联网金融发展了普惠金融、推动了金融创新，并且助推了电子商务发展。但同时也存在几个突出问题，面临5类风险，即技术风险、业务风险、信用风险、监管风险、风险易扩散和放大[3]。针对上述风险，提出了相应的解决措施。黄震、邓建鹏（2014）以特定对象（如投资者）、领域和产品作为基本分类原则，对互联网金融投资者风险控制和权益保护，网络借贷、众筹、互联网直销基金、互联网保险、第三方支付的法律风险控制以及可信电子数据证据的保存方式等进行了详细的分析[4]。许荣、刘洋、文武健、徐昭（2014）从金融功能的视角探讨了互联网金融的发展逻辑，并详细分析了信息不对称风险、道德风险、操作风险和流动性风险。他们认为，制约互联网金融发展的关键问题，是相关法律法规滞后的问题。法律法规既要保障投资者的合法权益又不能阻碍金融创新，这是一个挑战[5]。冯乾、王海军（2017）从金融消费者保护的角度分析了互联网金融不当行为风险，并认为产生的原因一是信息不对称和利益冲突，二是交易主体之间地位不平等，三是行业羊群行为，四是道德风险和不当激励[6]。谢平、邹传伟、刘海二（2014）认为，互联网金融存在信息不对称和交易成本等大量非有效因素问题，自由放任监管的理念不适用。在监管中，要特别注意信息科技风险和长尾风险，对互联网金融采取功能监管和机构监管的方式，审慎

---

[1] 黎来芳，牛尊. 互联网金融风险分析及监管建议[J]. 宏观经济管理，2017（1）.
[2] 闫真宇. 关于当前互联网金融风险的若干思考[J]. 浙江金融，2013（12）.
[3] 李克穆. 互联网金融的创新与风险[J]. 管理世界，2016（2）.
[4] 黄震，邓建鹏. 互联网金融法律与风险控制[M]. 北京：机械工业出版社，2014.
[5] 许荣，刘洋，文武健，等. 互联网金融的潜在风险研究[J]. 金融监管研究，2014（3）.
[6] 冯乾，王海军. 互联网金融不当行为风险及其规制政策研究：以市场诚信、公平竞争与消费者保护为核心[J]. 中央财经大学学报，2017（2）.

监管、行为监管和金融消费者保护等监管方式很有效[1]。李有星、陈飞、金幼芳（2014）分析了第三方支付、P2P 借贷、众筹融资等互联网金融的合法性，但因为互联网金融存在风险，因此对其进行监管具有必要性。龚明华（2014）认为，互联网金融具有普惠性、数字化、便利化等特点。与传统银行之间存在相互促进、相互补充、相互竞争的关系。互联网金融具有安全性问题、合规风险，也加大了系统性风险，必须狠抓风险管理，推进行业自律，遵守监管规则[2]。王立勇、石颖（2016）以 P2P 网贷为例，探讨了互联网金融的风险机理，并就如何进行风险度量做了研究。他们认为互联网金融的发展在一定程度上加剧了金融风险。因为互联网金融"庞氏骗局"发生概率增大，风险积聚速度加快，金融脆弱性增强。最后，提出要建立专业的风险管理机构和互联网金融企业信息披露监督机制，构建科学有效的互联网金融风险监管指标体系，加强征信系统建设[3]。

近年来，国家出台了一系列监管政策。中国人民银行与银行业、证券业及保险业监管机构联手，试图落实相关监管措施，防止消费者信息被盗用或误用，确保互联网投资产品的风险得到充分披露，并禁止非法融资活动。管理层人士曾多次对互联网金融监管表态。其中，央行调查统计司副司长徐诺金公开称，互联网金融需要监管。因为金融行业是高风险行业，比 IT 产业的风险更大。他当时还开列了互联网金融的三条不能碰的红线：一是乱集资的红线，二是吸收公众存款的红线，三是诈骗的红线。2018 年 10 月 10 日，为规范互联网金融从业机构反洗钱和反恐怖融资工作，切实预防洗钱和恐怖融资活动，中国人民银行、中国银行保险监督管理委员会、中国证券监督管理委员会制定了《互联网金融从业机构反洗钱和反恐怖融资管理办法（试行）》。

防范互联网金融风险主要存在以下问题：一是进入互联网金融领域的门槛低，资质审核不严。互联网金融业务没有实行行政许可，网络支付也是先进入后颁发支付牌照。因为鱼龙混杂，再加上一些地方政府起初盲目鼓励金融创新，而任由一些资质较差的金融企业野蛮生长，埋下了不少隐患。二是平台自身存在的风险。一方面，平台自身运营水平低，虚假广告多；另一方面，平台存在被外来攻击的风险。三是监管机制存在不足。地方各部门间的协作机制不

---

[1] 谢平，邹传伟，刘海二.互联网金融监管的必要性与核心原则 [J].国际金融研究，2014 (8).
[2] 龚明华.互联网金融：特点、影响与风险防范 [J].新金融，2014 (2).
[3] 王立勇，石颖.互联网金融的风险机理与风险度量研究：以 P2P 网贷为例 [J].东南大学学报（哲学社会科学版），2016 (2).

够高效。四是法律法规有待进一步完善。仍然存在法律边界不清晰，法律法规层级不高、不完善的问题。缺乏一部较为综合的关于互联网金融业务方面的基本法律法规，导致一些业务类型存在交叉、管理边界不清晰等问题，影响了管理效率。五是消费者金融知识缺乏，风险防范意识弱。六是监管技术手段较为落后。七是对非法金融活动的参与者处罚力度不够。对违法主体偏重于经济处罚，对个人征信状况的评价受到的影响较小，社会信用体系建设还有待进一步完善，联合惩戒的力度不够，机制不健全。

针对互联网金融风险，我们提出以下解决措施：一是进一步完善法律法规。二是进一步完善监管制度。《关于促进互联网金融健康发展的指导意见》尽管对各方相应的职责进行了分工与安排，但在实际操作中，仍发现有诸多不适应的地方，特别是在地方一级的部门协作方面，较难发挥各部门的合力。需要进一步明确日常化的监管协作工作制度，细化各方的职责，充分发挥地方金融监管局的作用，做好监管各方的协调工作，牢牢守住不发生系统性金融风险的底线。三是加强互联网金融业务入口的管理。可以借鉴网络支付的监管模式，即针对存量的机构重新进行资格确认，实行金融许可制度，持牌经营，未持牌全部退出，新设机构参照此标准从严掌握。四是推动金融监管科技的发展。从某种程度上讲，互联网金融的发展得益于金融科技的发展，或者说两者相互促进、相互推动。要对生长于金融科技之上的互联网金融业务进行监管，防范风险，则一定离不开金融监管科技的作用。从消费者在平台开立账户实名制的核实开始，就离不开金融科技的支撑。资金的监测、成千上万平台行为的监测等如果只靠人工实施，几乎不可能完成。金融监管科技的运用，将极大地提升监管的精准性和效率。五是加大金融知识普及力度。对于欺诈行为的防范，最终只能依赖于互联网金融消费者鉴别能力的提高。因此，金融知识的宣传、普及，对提高互联网金融风险的防范十分重要。从现在的情况看，对金融知识的宣传主要依靠的是金融机构，但从实际效果来看，还远远不够。必须扩大宣传的覆盖面，不断提高金融消费者的风险防范水平。六是进一步加强社会征信体系建设，推动联合惩戒措施的落实，从多方面提高违法经营者的成本。真正做到"一处受限、处处受限"，使失信者寸步难行，为全社会营造一种"守信光荣、失信为耻"的良好氛围。

互联网金融是指金融服务商以互联网为平台提供的银行、证券、保险等金融服务，是对以电脑网络为技术支撑的金融活动的总称。互联网金融主要包括P2P网络借贷、第三方支付、众筹模式、大数据金融、信息化金融机构等金融模式。互联网金融的产生实质上是因为互联网的快速发展对金融市场产生的影响。我国互联网金融虽然起步较晚，但是发展速度较快，且日趋多样化。互联网金融发展打破了传统融资模式的限制与束缚，降低了交易成本，提高了金融服务效率，达到为实体经济服务的目的。互联网金融的迅速发展虽然对传统银行业产生了一定的冲击，但目前这种冲击尚在可控范围之内。互联网金融的兴起改变了传统金融业的格局。不可否认，互联网金融在迅速发展的同时也暴露出鱼龙混杂、参差不齐等问题，但只要加以规范、加强监管、加快融合，互联网金融一定会朝着健康、良性、规范、有序的方向发展。

5 四川省互联网金融发展现状

随着百度、腾讯以及阿里巴巴进入互联网金融领域，国内的互联网金融行业逐渐明朗起来。以百度、阿里巴巴和腾讯为代表的国内互联网金融积极开拓第三方支付、大数据金融以及互联网信贷等业务，为中国互联网金融开拓了新的业务空间，拓展了中国互联网发展的广度和深度。四川互联网在国内互联网金融发展大潮中也积极开拓其发展空间。

5.1 四川省互联网金融企业发展现状

5.1.1 四川省互联网金融企业发展概况

四川省 P2P 平台与众筹融资平台的调研报告显示，四川本土的互联网金融企业在 2015 年扩张式发展后，进入 2016 年受宏观经济形势下行压力的影响，整个行业危机四伏，如一些市、区级国有企业原本在筹办的互联网金融公司的计划被迫搁置，只有省级国有互联网金融企业与部分经营良好的民营互联网金融企业仍在苦苦坚持。

5.1.2 四川省互联网金融企业的优势分析

（1）四川本土互联网金融企业开展线上交易，降低交易成本。有关互联网金融的数据显示，2015 年四川省 P2P 成交量约占全国的 2%以上，成交额为60 多亿元。截至 2015 年 12 月月底，当地共有 300 多家公司在互联网平台上开展互联网理财、互联网投融资业务，其中有 200 多家公司宣称已开展 P2P 业务。实际有 60 余家公司在互联网平台上有借款相关的信息，同时本土投资人可以通过互联网平台进行投融资。四川本土互联网金融企业依托互联网平台提供金融服务产品，这不仅降低了本土互联网金融企业的运营成本，而且企业可以依托网络平台快速吸引到大量的本土客户资源。同时，本土互联网金融客户也可以通过互联网平台获得所需的金融服务产品。这种便捷的交易方式，相对于传统金融而言较低的交易成本、快速的资讯匹配是四川本土互联网金融企业迅速发展壮大的主要因素。与传统金融相比，互联网金融能为本土的金融客户提供比以往更低的运营成本。

（2）互联网金融发展拓展了交易的空间。相比于传统金融而言，互联网金融发展拓展了交易的空间，互联网金融的交易空间从本土扩展到本土以外的地理范围。任何区域的客户都可以通过互联网金融平台申请所需要的金融服务产品。

（3）本土互联网金融企业源自传统金融。大多数本土互联网金融企业的前身多是开展与金融服务相关的业务。他们对金融风险的掌控具有以身俱来的敏锐感与察觉力。相当多的企业都有比较成熟的线下风险控制体系。

5.1.3　四川省互联网金融企业的劣势分析

（1）网络支付的安全性成为制约其发展的主要因素之一。互联网金融的网络安全问题是制约该行业发展的主要因素。由于互联网金融经常会受到一些黑客的攻击，导致客户资料的泄露，进而使部分优质客户流失。或者说出于安全性考虑优质客户更多愿意选择线下的金融产品服务。

（2）相关的法律与政策法规还不完善。目前，银监会、证监会相继出台了有关互联网金融的指导意见，但是国家还未出台相关的法律。四川本土也没有出台有关互联网金融的政策法规。整个互联网金融行业的法律法规还不健全、不完善，这样就不能有效保障互联网金融参与各方的合法权益。

（3）四川本土互联网金融企业缺乏高级专业性人才。就成都地区而言，目前只有五家众筹平台，且这些众筹平台的负责人都具有相关背景知识的积累，一般采用实地调研和第三方调研的方式进行风险控制。其中，有四家众筹平台采用的是银行托管、第三方托管的方式。当前，众筹平台没有完全依赖线上审核，主要还是线上审核与线下审核结合，原因是缺乏高级专业性人才，本土企业具有金融从业背景的专业人员的比例不高，既精通互联网又懂金融的复合型人才非常缺乏。

（4）四川本土互联网金融企业的产品同质性和业务专业化程度不高。四川本土互联网金融企业缺乏独特的市场定位与发展战略。相对于京东、阿里巴巴而言，其产品同质性高、结构单一，运作模式类似于网贷之家，虽然本土的互联网金融业态正趋于完善，包括87金融汇在内上线的金融产品搜索引擎与行业"大鳄"相近，但主要还是针对传统金融机构的产品。在互联网金融业务模式上，本土 P2P 平台所提供的借款项目主要以个人与企业的传统抵押借款为主，在抵押物上仍偏爱汽车、房产。基于信用贷款开发的金融服务产品较少。

（5）四川本土互联网金融企业的交易成本高。互联网金融企业开展线上交易是可以降低交易成本的，但是事实恰好相反。摸底调查显示，成都互联网金融的交易成本超过 20%。本土互联网金融企业的交易成本高，风险把控模式仍然是线上和线下相结合，或者说风险评估仍是以线下的尽职调查为主线，没有充分、完全地利用互联网优势，导致企业的交易成本仍然是居高不下。

5.1.4　四川省互联网金融企业的机遇分析

（1）互联网金融的需求旺盛。四川是人口大省，小商品经济较发达，小微企业众多。成都天府新区有众多的科技创新企业，天府孵化园里众多的小微企业对资金的需求比较旺盛。由于传统金融对小微企业提供贷款的意愿不高。这些小微企业转而投向互联网金融，借助互联网金融平台获取自身所需资金。

（2）政府政策的支持。四川省政府非常重视互联网金融发展。通过政府的金融办加强对互联网金融企业的引导、支持，积极支持国资委下属各级投资公司开办互联网金融业务。政府在政策上对本土的互联网企业给予了极大的支持与帮助。

5.2　四川省互联网金融融资平台面临的风险

5.2.1　四川互联网金融从业人员缺乏

四川互联网金融 P2P 网络信贷平台的从业人员中既懂金融又精通互联网的复合型人才比较缺失，在金融风险管控方面存在专业人才缺乏问题，这为后来引发的风险或导致互联网金融企业经营困难埋下了伏笔。下一次金融危机就可能会出现在以 P2P 网络信贷平台和众筹为代表的互联网金融领域。

5.2.2　四川互联网金融平台运营不规范

四川互联网金融 P2P 网络信贷平台拆标现象比较严重，加之平台自身的资金实力与风险控制能力相对较弱，在选择借款人时，风险控制把握不到位，风险控制能力不足，一些平台盲目追求规模扩张，不注重金融服务产品的质量，对风险和团队建设不重视，结果只会造成平台"虚胖"，一旦出现经济下行趋势，投资人用钱较多，流动性风险上升，互联网金融平台的资金链就会出现短缺。

5.3 四川省互联网金融发展前景

5.3.1 环境分析

环境分析对四川互联网行业未来的发展起导向型作用，能够让互联网行业在四川省有个清晰的定位。企业环境分析常用的两种方法是 SWOT 分析法和 PEST 分析法。SWOT 分析法将与研究对象密切相关的主要内部优势、劣势和外部的机会等，依照矩阵形式排列，然后分析得出一系列相应的结论，其常用于企业对自身实力与整个市场的竞争对手之间的分析；PEST 分析法是一种宏观环境分析模型，P 是政治（politics）、E 是经济（economy）、S 是社会（society）、T 是技术（technology）。其常用于行业组织对所处的整个宏观环境的分析。所以，采用 PEST 分析法能更好地对四川互联网行业未来发展前景进行环境分析。

5.3.1.1 政治环境

近年来，四川省不断加快推进"互联网+"建设，在制造、农业、能源、金融、民生服务、电子商务、物流、交通等重点领域取得了丰硕成果。2015年，四川省人民政府办公厅印发的《"互联网+四川制造"实施方案》（以下简称"《方案》"），明确了四川省推进相关工作的时间表和路线图。到 2020 年，四川省将培育 10 个全国领先、行业主导的互联网工业平台，培育 100 家以上"互联网+"协同制造标杆企业，建成 1 000 家以上智能工厂（车间）。《方案》提出，四川省推进"互联网+四川制造"的总体思路是：以信息化与工业化深度融合为主线，以智能制造为主攻方向，改造提升传统优势产业，大力培育战略性新兴产业和生产性服务业，推动制造业网络化、智能化、绿色化和服务化，打造制造业竞争新优势，使先进制造业成为推动四川经济转型升级的重要引擎。为了贯彻落实《方案》的目标，四川省在各个产业发布政策并取得突破，如《四川省人民政府关于深化"互联网+先进制造业"发展工业互联网的实施意见》的颁布，就充分利用了四川省电子信息产业发达、互联网发展基础好、人才资源丰富的条件。

5.3.1.2　经济环境

在数字经济发展方面，四川省全面贯彻落实"互联网+先进制造业"的决策部署，出台一系列政策措施，积极搭建工业互联网创新平台，加快推动产业数字化转型，在两化（信息化和工业化）融合方面取得积极进展。截至2019年的数据，四川省两化融合发展水平已进入全国第一梯队，"数字中国"省级排名全国第6，居中西部地区第1，电子信息产业规模超过9 100亿元，信息安全产业规模排名全国第2，大数据发展综合排名全国第6、大数据应用指数排名全国第6。2018年，全省数字经济总量超过1.2万亿元，有力地支撑了四川经济迈上4万亿元的新台阶。

5.3.1.3　社会环境

四川省互联网普及程度越来越高。截至2018年12月，四川省网民规模已达到6 649.2万人；按常住人口计算，全省的互联网普及率已达79.7%。四川省移动电话用户规模突破9 000万户大关。2018年，四川省互联网用户规模保持快速增长。据《第43次中国互联网发展报告》统计，截至2018年12月，全省在微信政务领域累计用户超过3 500万，排名全国第6；全省共开通了各类政务机构微博9 400多个，排名全国第3。另外，全省还开通了5 900多个政务头条号，总量排名全国第3，累计发布文章55万篇以上，总阅读量更是超过了11亿次。同时，四川省引入中国航天科工集团有限公司、阿里巴巴、华为等龙头企业在川建设工业互联网平台，建成了汽车行业生态圈云平台、家具产业生态云平台等行业工业互联网平台。2018年，全省新增上云企业3 000家。可见，四川省互联网发展在社会上更受关注和支持。

5.3.1.4　技术环境

四川省在互联网体系基础建设方面，开通窄带物联网基站4.5万个、实现四川城乡全覆盖，率先在全国建成"全光网省"，IPV6用户率和普及率排名全国第1，已建成数据中心上百个、总设计机架超过10万台，5G示范应用走在全国前列。同时，积微物联CⅢ工业等以业务信息化、云计算、移动数据采集、全程可视化、大数据技术手段为支撑的互联网平台在全省各重大企业得以运用，四川省互联网技术的发展和推广为四川省建设"互联网+产业"强省打下了坚实基础。

5.3.2　区域优势

四川省作为我国的资源大省、人口大省、经济大省，在我国整体互联网行业的建设中占有重要地位。同时，四川经济发展迅速，交通干线密集，是中国西部的综合交通枢纽，所以四川在发展互联网行业的同时也能对周边地区起到很好的带动作用。腾讯研究院日前发布的互联网行业指数结果显示，四川省以5.17的指数值位居全国第24位。在互联网行业迅猛发展的当下，四川省的网民成熟度及移动互联人均活跃度有待进一步提升。根据四川省互联网产业的现状，笔者认为四川互联网未来发展的区域优势主要体现在以下三个方面：

（1）分布集中，有利于产业集群发展。如图5.1所示，四川省"互联网+"发展较好的城市，除攀枝花外，均分布在本省的中北部地区，且与成都呈连片分布的态势。而"互联网+"发展暂时滞后的城市则广布于东北部、东部及南部地区。由其他城市"互联网+"发展分布可知，四川省的"互联网+"发展状况大致呈现出由中部向外围逐次递减的态势。其中，大部分表现较好的互联网企业分布在成都附近，这样有利于形成产业集聚，从而促进行业之间的交流与进步，降低互联网行业与实体经济融合时所带来的交通成本。同时，集聚的互联网产业也有利于以产业集群为核心向周边地区辐射发展，促进整个四川互联网行业的进步。

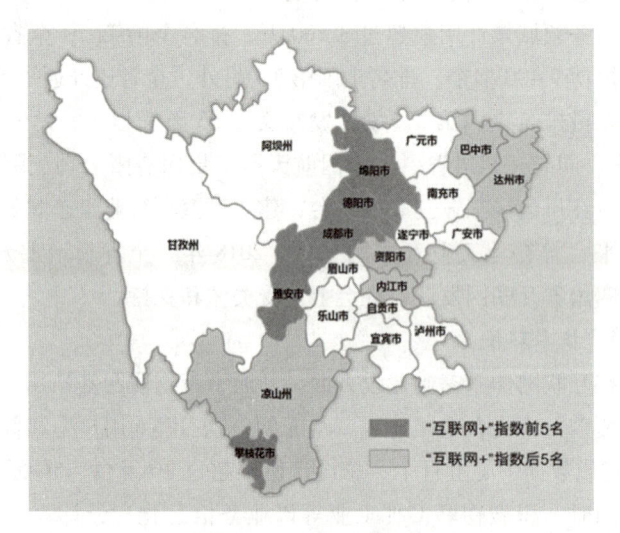

图5.1 "互联网+"指数地域分布（四川）
数据来源：腾讯研究院。

（2）成都对四川互联网行业发展起到带动作用。如表5.1所示，成都以21.74的互联网行业指数值遥遥领先本省其他城市，居四川省互联网行业指数首位，其指数值是位居第2位的攀枝花市的7.2倍。近年来，成都市经济发展快速、高新技术产业增长较快，已成为中国的信息技术产业中心之一。2012年6月，成都高新区发布了全国首个移动互联网产业发展规划，是全国最先瞄准移动互联网产业方向的高新技术产业开发区,为成都赢得了先发优势。2017年,成都市实现地区生产总值 10 056.6 亿元,同比增长 8.9%,第一、第二、第三产业的比为 3.7∶45.3∶51。成都市也是四川省唯一进入全国前 100 强的城市,攀枝花市和绵阳市则位居第 150~200 位,以上三地"互联网+"发展相对成熟。其余地区排名均在 200 位以外。整体而言,四川省各地区"互联网+"发展相对滞后,成都高地效应显著。

表 5.1　城市"互联网+"指数和人均地区生产总值排名(四川)

地区	互联网行业指数	互联网行业指数排名	2018 年人均地区生产总值排名	排名差
成都	21.74	12	61	49
攀枝花	3.02	164	55	−109
绵阳	2.69	194	206	12
雅安	2.42	219	237	18
德阳	2.33	230	160	−70
乐山	2.30	232	182	−50
宜宾	2.07	245	215	−30
阿坝	1.95	256	254	−2
眉山	1.84	268	224	−44
南充	1.80	270	299	29
自贡	1.76	272	174	−98
泸州	1.66	278	240	−38
遂宁	1.654	281	286	5
广安	1.653	282	247	−35
广元	1.57	286	304	18
甘孜	1.49	291	318	27
达州	1.42	297	283	−14
资阳	1.35	302	212	−90
内江	1.33	305	229	−76
凉山	1.24	309	244	−65
巴中	1.19	311	345	34

数据来源:腾讯研究院。

（3）成都、南充、甘孜、巴中等地互联网行业发展领先宏观经济。由表5.1可知，成都、南充、甘孜和巴中的互联网行业指数排名均高出其人均地区生产总值20名以上，具有较大的投资潜力。其中，成都不仅是本省互联网行业指数最高的地区，而且其互联网行业发展指数排名更是超过人均地区生产总值排名49名。从长远来看，成都仍有巨大的投资潜力。

互联网行业已逐步渗透经济社会发展的各个领域，与传统行业不断融合创新并催生出多种新兴的商业模式和产业业态。其先导性作用以及战略性地位日益提升，将形成新的经济增长点，成为新常态下推动经济转型升级，提高社会管理水平，增进人民福祉的战略重点。四川省互联网行业的进一步发展，不仅将对适应经济发展新常态、实现实体经济稳定增长有较好的支持作用，同样可助推产业结构优化升级、激发市场活力与社会创造力。在国家推出"一带一路"、长江经济带建设等重点发展战略下，四川省互联网行业的发展必将使其更好地抢抓各项新的战略机遇，开启互联网服务经济、民生发展的新篇章。

5.3.3　发展远景

随着信息时代的来临，四川省网络强省的基础进一步夯实，光纤宽带和4G网络覆盖更加完善，主要指标位列西部第一、全国领先。2017年，四川省提速降费成效初显，宽带和移动流量资费持续降低，宽带用户加速向高速率迁移；脱贫攻坚稳步推进，电信普遍服务取得阶段性成果；融合渗透不断深入，传统行业数字化转型不断加速。但是，四川省信息通信仍然面临区域发展不平衡、高质量发展不充分，农村通信设施较落后等矛盾和问题，这也是四川未来实施网络强省建设的重要工作方向之一。2017年，四川省继续深入实施"互联网+"行动计划、网络强省、大数据战略，不断夯实信息基础设施，壮大电子信息产业，融合发展数字经济，信息化水平得到了提高。国家互联网信息办公室发布的《数字中国建设发展报告（2017年）》显示，四川省整体信息化发展水平排名全国第9，其中信息技术产业指数排名全国第8。当前，四川省正积极布局5G、大数据、物联网等新兴领域。其中"5G通信系统实验外场"落地四川，成都也成功争取成为全国首批5G网络试点城市，5G应用也相继展开。在一系列新动作、新进展的支持和推动下，四川省向网络强省、先进制造强省的战略目标又迈出了坚实步伐。下一步，全省将紧紧围绕数字中国这一新时代国家信息化新战略，加快突破核心技术，推动基础设施进一步优化升级，大力发展数字经济,释放更多数据红利,为不断提高信息化发展水平做出新的贡献。

目前,四川正在着力建设和用好两个载体:一是线上统一,实现一网通办;二是线下集中,"只进一扇门"。同时,对两个载体实施流程化管理,提供标准化服务。在"互联网+政务服务"方面,四川有一个省政府直属的政务服务机构,21个市(州)、183个县(市、区)全部成立了直属政府的政务服务中心,还有4 641个乡镇(街道)便民服务中心、49 523个村(社区)便民服务室,形成了五级政务服务体系。在"互联网+公共资源交易"方面,四川有一个省政府直属的公共资源交易机构,21个市(州)和147个县(市、区)都有交易中心。近三年,全省完成工程招投标、政府采购、土地矿业权交易、国有产权交易等公共资源交易2.1万亿元,节约资金1 400亿元,溢价1 500亿元。省一级的交易量,曾经位居全国第一。近年来,四川省不断加快推进"互联网+"建设,在制造、农业、能源、金融、民生服务、电子商务、物流、交通等13个重点领域取得了丰硕成果。腾讯研究院最新发布的《中国"互联网+"指数报告(2018)》显示,四川省在数字经济、数字政务、数字生活和数字文化等领域的省级排名中,大部分指标位居全国前八,仅次于广东、江苏、浙江、北京、山东等省市。在全省"互联网+"行动计划指引下,2017年,四川省"互联网+"数字经济指数呈现出"总指数领先中西部、分指数超全国均值"的鲜明特点,领先于众多中西部省(自治区、直辖市)"互联网+"数字经济基础指数、产业指数、创新创业指数、智慧民生指数均取得了长足、均衡发展。从产业发展情况来看,四川省医疗服务、娱乐、交通物流、教育、商业服务、零售、餐饮住宿、金融、生活服务、旅游等行业的数字化程度日益深化。其中,以成都为核心的成都平原地区已成为数字经济发展核心地带,带动四川省消费升级。从智慧民生服务领域来看,四川已成为全国微信城市服务用户规模第二大省,全省21个市(州)都上线了数量不等的公安类服务,部分城市上线了挂号、急救等医疗服务。未来四川互联网行业发展在进一步推动"互联网+"行动计划向纵深发展、积极利用互联网技术促进传统产业转型升级、不断加强互联网等新兴热点领域创新应用、多举措推动网络安全体系建设、强化网络安全治理等方面具有较大的进步空间与发展机遇。

四川中小酒企有着丰厚的文化底蕴和发展前景,但由于自身规模和经营模式等客观因素,使产业集群的协调性发展受到了制约。但是,随着互联网金融的出现以及推广，伴随新业态的出现，四川中小酒企也可以借这股"东风"来实现新的突破。当前，互联网金融与四川中小酒企融合发展得到了政府的大力支持，出台了相关扶持政策并推动产业集群的形成与发展，有利于解决当前四川中小酒企所面临的难题。此外，互联网金融与四川酒企进行融合发展不仅提高了中小酒企的经济效益，还促进了周边地区对四川中小酒企认可度的提升，有利于整个产业集群的进一步发展。

6 互联网金融与四川省中小酒企融合发展面临的主要挑战

互联网金融和中小酒企在中国乃至四川的发展都面临巨大的挑战。互联网金融作为一种新生事物，其走向成熟还有一段时间。而中小酒企在面临大型酒企的市场竞争中长期处于下风，且管理较为混乱，资金严重不足。因此，互联网金融和中小酒企的融合发展变得更加具有挑战性。互联网金融自身具有高风险性，且需要维护的成本较高，法律监管和政府监管不到位；伴随市场萎缩加剧，竞争压力大，中小酒企面临的挑战更加明显。互联网金融和中小酒企融合发展需要解决的问题比较繁杂，需要很长时间来解决。

6.1 互联网金融与四川省中小酒企融合发展现状分析

6.1.1 互联网金融的行业监管

互联网金融是大数据、云计算平台等先进信息技术开发的金融产品，实现了跨行业的金融业发展，与各行各业的融合变得更加密切。因特网本身的简单便利特点，为金融交易提供了更快捷、更方便的交易平台。但是，互联网金融的运行和监督，尤其在监管方面存在许多需要改进的地方，我国互联网金融也是如此。

现阶段，金融监管在法律监管、监督管理范围以及立法目标等方面存在诸多问题。互联网经济相关行业、业务种类繁多，监管机构功能重复，部门职责履行不明确，法律上的完整性也有问题。

在四川中小酒企与互联网金融融合发展的过程中，随着消费者数量的不断增加，由于部分中小酒企在发展过程中管理模式与规章条例没能及时适应新的要求，导致在资金流动中容易出现资金流动不畅、流动性风险增大等问题，最终导致企业因资金链条断裂而倒闭，影响整个产业集群的盈利和稳定性。除此之外，四川中小酒企在通过与互联网金融融合从而扩大经营规模的同时也带来了运营方面的挑战，主要表现在酒产品运营管理、客户的沟通、资金链控制上。如果管理系统设计有漏洞，就会产生操作风险。如果员工业务水平不高或职业道德达不到标准，就会出现自我利益和非法经营的现象。

  四川中小酒企与互联网金融的结合为经济发展注入了新活力，但同时也产生了一系列监管问题，仅依靠传统政府监管模式难以达到监管目标，创新互联网新兴产业监管体系势在必行。作为互联网时代下的产业创新模式，互联网新兴产业的监管趋势包括建设具有竞争机制和创新激励的互联网新兴市场、加强数据信息安全监管、提高征信服务质量。而监管难点在于监管政策的滞后性、众多的潜在风险、复杂的业态模式等，难以保证监管成效。基于互联网新兴产业的特征，相关主体需要构建以监管为主、自律为辅的创新监管体系，并通过明确各主体的监管职责以及建立相关监管机制，从微观与宏观两方面入手，从而推动我国互联网新兴产业监管体系的创新建设。

  自步入经济新常态以来，我国政府就开展了一系列具有改革性质的发展计划，其中以互联网金融为主的创新型业态发展最具有代表性。以互联网技术为依托的新兴业态发展不仅具有优化社会资源配置、实现帕累托改进的作用，也可以促进经济发展，加快经济结构顺利转型。互联网新兴业态的实质是一种新兴的服务业态，是在经过服务创新后所形成的一种新的模式、方法、技术或者体验。当前，随着互联网技术的高速发展，互联网技术与传统业态相互融合催生出一批具有创造性的新业态，并且在互联网金融发展战略的助推下，势必衍生出更多的新兴业态以及具有创造性的产品与服务。

  互联网新兴业态之所以发展迅猛，原因在于互联网新兴业态涉及的产业和领域较为广泛，是加速经济发展的重要推动力。具体而言：一是"互联网+传统产业"的新兴业态模式无处不在，已经与人们生活密不可分，如滴滴打车、美团、饿了么等新兴互联网业态。艾瑞咨询发布的《2018年中国网络经济年度洞察报告》中的统计数据显示，2017年中国互联网市场规模达到11.4万亿美元，位居世界第二，2018年的复合增速达到10.6%，位居世界第一。二是互联网技术降低了市场信息非对称性，扩大了市场范围，推动经济向消费驱动转型。例如，发展迅猛的电子商务产业依托互联网技术汇集了市场中的产品与服务，降低了消费者的搜集成本及信息获得成本，拓展了市场需求，提升了市场消费总额。同时，互联网技术促使网络征信成为可能，互联网征信的发展为互联网交易（互联网电子商务）提供了保障，降低了交易双方的监督和交易成本，进一步释放消费，有利于形成消费型经济发展模式。三是互联网技术细分了传统产业，技术驱动企业转型升级与创新，有助于提高国民经济发展质量。对于某些大型制造业而言，依照传统的研发、生产和销售模式成本较高。而在互联网技术的协助下，可以将传统的生产模式进一步细分，如开展"互联网+研发""互联网+销售""互联网+生产"等业态模式，优化每个产业链环节，具有提高运作效率、降低成本的作用，不断提升企业竞争力。此外，互联网技术将模糊生产者、消费者以及研发者之间的界限，消费者与企业之间的互动性更高，更有利于企业创新发展，更有利于生产出符合市场需求的产品。

虽然互联网新兴业态为四川中小酒企发展带来了新的活力，但是，任何事物都存在两面性，对于互联网新兴业态也是一样。即使该发展模式会带动经济发展、创造价值，但也可能存在发展失灵，甚至对社会带来一定的危害。例如，互联网金融产业的跑路与违约现象频发，为投资人带来了经济损失；共享单车的无序乱放导致交通道路拥挤，给城市运行及美观带来了消极影响；短租公寓的管理缺失以及法律的滞后，使客户失窃案件频发并且客户投诉无门，等等。因此，互联网新兴业态作为一种新生事物，仍处在发展探索初期，需要政府及相关监管部门对其进行监管以保证其健康有序发展，真正为社会发展和经济发展带来益处。然而，互联网新兴业态与传统业态相比，无论是商业模式还是运营方式，都存在些许不同，因此，传统的监管方式无法对其完全覆盖，需要针对互联网新兴产业进行创新监管[①]。

6.1.2 实体经济投融资需求

随着信息化逐渐步入新的阶段，我国面对新形势提出了适应当下的企业融资发展模式——"互联网+"。这一战略的提出，让企业的融资模式发生了翻天覆地的变化。在这一背景下，企业可以充分利用好最新的融资模式来解决目前所面临的困境和挑战。这一模式的提出受到了各方面的重点关注，从而推动"互联网+"的企业融资模式的快速发展。

---

① 叶柯婷. 浅谈"互联网+金融"新业态与实体经济发展的关联度［J］. 中国多媒体与网络教学学报，2019（1）.

我国企业融资方式包括直接融资和间接融资。直接融资一般是股权融资，该融资方式能够通过分配股权的方式为企业提供资金支持。相较于间接融资，该资金使用期限长，使用途径广，没有过多的限制。然而，股权融资成本较高，中小酒企难以承担巨额的融资费用。而且股权融资对公司财务制度要求较高，很多中小酒企尤其是初创型企业的公司治理结构和财务制度不健全，无法做到完善的财务信息披露，这也是限制中小酒企直接融资的因素之一。间接融资一般是债务融资，主要是在银行信贷方面。银行信贷对企业的要求较高，尤其是商业银行对信贷方面要求更高，银行资金的风险偏好使得银行主要对信誉较好且现金流充裕的大型企业进行信贷支持。银行信贷资金期限较短，限制性条件较多，这些方面也使得中小企业难以达到银行信贷的门槛。

中小酒企初创时的资金大多是自有资金或者是向亲朋好友借贷的资金。由于该种融资方式缺乏规范性和相应的监管，这就容易导致后期分红分息纠纷甚至借贷纠纷。由于很难得到外部融资的支持，内部融资也就导致了中小酒企融资方式过于单一，无法满足中小酒企多元化融资需求[①]。

从图6.1中可以看出，我国中小企业贷款需求指数一直在50%以上，融资需求长期处于火热状态。目前，由于仍然缺乏解决中小企业融资需求的有力方式，无法使中小企业处在健康的现金流状态。在股权融资和债务融资都无法满足中小企业融资需求的状态下，互联网金融方式可以作为满足中小企业发展的一种途径。此外，我们也可以看出，中型企业相对于小型企业的融资需求较低，融资能力要强于小型企业。

从图6.1和图6.2可以看出，2009—2016年中小企业融资需求指数随着中小企业贷款余额的增加而减少，它们之间呈现反向变化。然而，自2017年开始，中小企业的融资需求反而继续扩大，尤其是小型企业融资需求迅速增加。单纯依靠信贷支持不足以满足中小企业融资需求，尤其是小型企业更需要灵活的投融资产品为其服务。

[①] 张乐天.探究"互联网+金融"新业态与实体经济发展的关联度[J].中国校外教育旬刊，2017（11）.

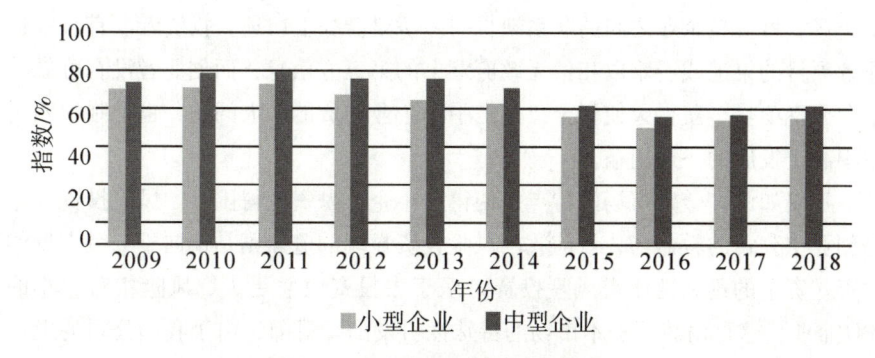

图 6.1　中小型企业融资需求指数

数据来源：Wind。

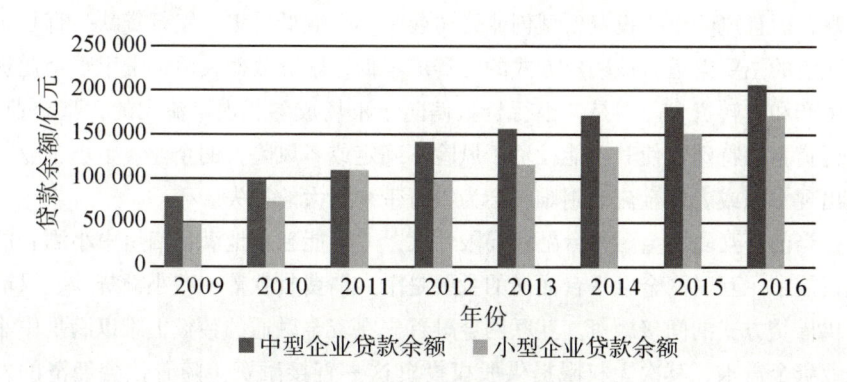

图 6.2　中小型企业贷款余额

数据来源：Wind。

四川中小酒企由于其自身的特点存在融资难的问题。从规模的范畴来说，相对于大型企业中小企业的规模较小，难以承受经济形势变化和市场波动的冲击。2019 年，实际 GDP 增速将从 2018 年的 6.6%下降到 6%~6.5%，经济发展下行压力大，再加上我国目前采用稳健的货币政策，使得中小企业在现在的环境下难以融到足够的资金进行生产，甚至难以维持足够的现金流保证企业生存。

目前，我国出台了针对中小企业的借贷便利、中期借贷便利和定向中期借贷便利，这些需要商业银行根据特定的规则为中小企业提供贷款。然而，这些借贷便利远远达不到中小企业所需要的程度。在一些中小企业需要中长期借贷的时候，这些借贷便利则很难满足需求。相对于一些产品生产时间较长、资金回流慢的企业，信贷资金不一定适合其融资需求。在初创型企业和科技型企业中，其产品研发难度大、成功率低，需要天使基金的加入，而天使基金和初创型企业、科技型企业之间的联系缺少一座桥梁。综上所述，投资者没有获取创业者项目的渠道或者难以相信无政府背书的第三方信息，而创业者没有可靠的平台分享项目、获得天使资金，这是中小企业融资的一大问题，也是制约四川中小酒企发展的一道门槛。

不仅如此，金融市场的特点也使得中小企业融资变得困难。风险投资一直是创业型公司的救命药，目前我国风险投资显现的迹象则是偏向于一级市场的注资。资金的逐利性使得风险投资更乐于去投资收益更大、风险相对较小的 IPO 企业。这是由我国资本市场的特殊性引发的。目前，由于我国公司的上市仍处在核准制的制度之下，上市的都是价值被低估的公司。与其投资未来收益不确定的创业公司，不如注资参股即将上市的公司，不论如何其收益率都相当可观，而且风险也比投资新型创业公司或中小企业低得多。银行贷款一直是企业融资的主要渠道，该融资方式的融资成本低，融资数额灵活，常用于企业扩大生产和周转资金。但是，银行贷款偏向于市场成熟、现金流大的大型企业，银行贷款的特殊性使其不能投资于风险不确定或者风险大的企业。中小企业一旦出现亏损或者资金流动困难将会为银行带来巨大的损失。

当前，互联网金融平台融资局限性大，并不能独立地满足四川中小酒企的融资需求。互联网金融平台面向的主要是个人消费贷款等一些小额贷款，只能提供借贷方式的间接融资。互联网金融首先在资金融通的数额上难以满足中小企业资金需求，其次无权限提供股权投资这一直接融资。随着社会经济的发展、居民收入的增加以及投资方式的多元化，使得民间投资不再局限于银行存款。目前，民间投资的方式只有银行存款、证券股票以及基金，这些投资大部分流向了大型企业，未能有效地投入中小企业。民间投资的多元化也不局限于避险升值，部分民间投资者也希望投资于风险收益更大的创业型公司。然而，投资渠道受限和一些企业非法集资导致的资金流失使得民间投资无法信任社会投资渠道。目前，互联网金融的发展主要是在个人消费信贷上面。而民间借贷监管难度大，使得中小企业很容易因利率过高而陷入债务危机。与其在互联网投融资平台方面出现空白，不如由政府主导，主动进入互联网金融，设立互联网投融资平台来进一步满足中小企业日益扩大的融资需求。

目前，除外部原因的限制以外，我国中小企业普遍存在一个问题，即企业结构不合理，企业法人和实际控制人不明确，股权分布不明；同时，企业财务制度不规范，很难提供质量较高的财务报告为投资者提供参考。另外，中小企业信誉问题一直是多年以来难以解决的问题，企业负债状况如何，企业守信状况如何我们都无从得知。

除上述的风险以外，互联网金融发展给四川中小酒企发展所需的融资带来了机遇。

6.1.2.1　社会投资资金充足

当前，社会民间资金投资热情高涨，他们或多或少有着各种投资需求，不同的风险偏好理应有不同的投资产品供他们购买。然而，目前针对投资者的投资产品却很少，风险偏好者只能通过购买上市公司的股票或股票型基金进行投资，风险厌恶者只能购买基金或者进行储蓄存款来获得较低的收益。目前，影子银行和民间借贷资金充足，却没有有效的监管措施，与其围堵违法违规融资和高利息借贷行为，不如主动疏导，提供投融资渠道，为中小企业服务。

6.1.2.2　互联网金融平台发展趋向成熟

目前，互联网金融平台的建设已经趋向成熟。如 P2P 网络贷款直接将资金需求者和资金供给者联系到一起，通过互联网金融平台的大数据处理，融资者可以适配到最合适的投资者。互联网金融发展使得信息的透明度提升一个层次，尤其是企业信息的公开，虽然数据众多，但是通过相关金融与资本可以得到投资者所需要的企业信息，互联网技术的发展促使企业治理结构优化不再困难，互联网技术的加入能帮助企业更好地完善公司财务制度，从而使财务报告更加规范、可信。

6.1.2.3　政府信誉的背书

互联网金融发展可以提高政府相关机构的工作效率。政府采购有两个弊端。一是政府有目的性的去采购失去了招投标的意义，使得政府机关更偏袒中小企业，也不能提高中小企业生产创新的积极性；二是政府支持采购行为未能发挥市场经济的作用，中小企业需要利用市场的优胜劣汰提高自身竞争力和产品的质量。政府相关机构应当积极、主动地参与到扶持中小企业的发展而不是消极地利用财政方式去帮扶中小企业。互联网金融为政府相关机构提供了一个可以解决中小企业融资的平台，利用政府的背书将为互联网金融支持中小企业融资不失为一个有效的办法①。

6.1.3　政策扶持

2019 年，四川省酒业发展紧紧围绕落实《优质白酒产业振兴发展培育方案》，大力实施白酒产业品牌提升战略、提质增效战略、开放合作战略、创新驱动战略和人才科技战略五大战略，推动四川中小酒企的核心业务白酒产业高

---

① 张莉. 我国互联网金融发展中存在的问题及对策研究 [J]. 现代商业，2015（9）.

质量发展。此外，四川省政府还编制了《四川优质白酒产业发展规划》。近年来，政府多层次扎实推进川酒的品牌建设。一是高质量打造川酒整体品牌；二是提升"六朵金花"品牌辨识度和美誉度，推动成立"四川名优白酒联盟"；三是打造二线白酒品牌梯队，开展"十朵小金花"评选和宣传工作；四是支持打造原酒品牌龙头企业，从而发挥纯粮原酒基金、川酒集团等产业整合平台的作用，打造原酒龙头企业和优质品牌。同时，四川省还会努力促进川酒质量的提升。一是开展老窖池保护，逐步对窖池进行逐一清理、编号、登记造册工作。二是加强标准体系建设和推广，加强《固态法浓香型白酒原酒》等国家行业标准的推广应用，支持四川原酒产业联盟制定出台四川原酒行业标准。持续推动行业整合发展，支持"六朵金花"通过兼并、收购等方式整合省内中小企业。鼓励和支持二线白酒企业和原酒企业，采取多种形式"抱团"发展。扎实做好川酒宣传推广，开展"川酒全国行""走进四川浓香帝国，探秘白酒金三角"宣传活动。四川省政府还会对中国白酒金三角产区川酒品牌文化进行深度挖掘，大力推动整个产业的创新发展。一是推进新一轮技术改造；二是持续推进"新生代酒品战略"；三是继续推动川酒产业与京东、阿里巴巴等互联网平台的对接，指导"熊猫云店"加快网点布局。除川酒的产业品牌建设外，四川省还会继续加强对相关人才的培养。一是加强与四川轻化工大学对接，支持该校建设"中国（四川）白酒品牌孵化器"；二是结合酿酒技能大师工作室建设工作，举办"四川省白酒行业酒体设计职业技能竞赛"；三是会同省人社厅，继续组织"四川工匠杯"职业技能大赛。

2018年6月，四川省发布《中共四川省委关于深入学习贯彻习近平总书记对四川工作系列重要指示精神的决定》和《中共四川省委关于全面推动高质量发展的决定》，表示将优先发展名优白酒千亿元级产业、推动川酒振兴、打造世界级白酒产业集群。在此背景下，以整合全省酒类企业，搭建四川省第一个白酒原产地地域品牌、白酒产业开放式发展创新平台，成为整合酒类企业发展的价值洼地、引领消费升级的品牌矩阵。

近年来，针对四川白酒产业的转型升级发展，政府牵头、企业跟进，"川酒振兴"的号角早已正式吹响。但四川酒业至今已有数千年的历史沉淀，大大小小的酒企规模不一，要将其进行大规模整合无疑是件极为困难的事。

为了更好地开展酒类企业整合抱团发展工作，川酒集团应深入各家企业熟悉其特点，与泸州酒企开展一对一洽谈，形成合作共识。对大部分企业采取了"共享平台"的整合方式，促进酒企健康发展。对优质企业，采取"并购"的整合方式，促进双方的快速发展。目前，已有200多家酒企加入川酒集团，集团共拥有窖池 30 000 口，年产优质白酒 10 万吨，储存酒超过 40 万吨。

2018 年，四川省在《关于推进白酒产业供给侧结构性改革 加快转型升级的指导意见》和《四川省白酒产业"十三五"发展指南》中明确提出：大力实施川酒振兴"八大计划"，从品质、企业、市场等方面进一步巩固川酒优势。"川酒振兴"已被纳入四川省政府"治蜀兴川"的要务之一。作为四川特色优势产业之一，一方面，川酒产能、产量可观，品质卓越，品牌优势明显，"六朵金花"家喻户晓，川酒名企对多元文化背景的深度挖掘更凸显品牌个性；另一方面，近年来，经济形势的变化与消费者消费理念的升级让"低门槛、高效益、少创新"的传统粗放型白酒增长方式已趋落后，名企大而不强、内部竞争激烈，二线品牌发展态势缓慢等问题让川酒整体竞争力与影响力双双下滑；并且，中国酒类市场的消费群体、商业模式变化颇多，前者越来越挑剔，后者越来越创新，唯有不断学习、不断求新，才能适应新的市场消费格局。从地理分布来看，四川有四大主产区，即宜宾、泸州、德阳（绵竹）和成都产区。在四川省提出"川酒振兴"的新时期，在"区域协同发展"的全新战略指导下，拥有较强品牌营销推广能力、强大文创产业基础、巨大白酒市场辐射能力及较好吸引专业人才聚集城市环境的成都正积极参与到四川省"川酒振兴"发展计划的宏伟蓝图中。在此过程中，成都市酒业协会以多举措加强行业与政府之间的有效沟通，团结成都区域内的酒类相关企业，助力成都迈进产区协同发展新时代；知名酒企与新创品牌及酒类行销平台致力于产品创新、营销创新、渠道模式创新等方面重新构建全新竞合关系，共同应对市场的快速迭变。当前，成都应充分发挥"主干"引领辐射带动作用，积极争取四川省支持，与其他主产区错位协同，在酒类进出口口岸建设、金融交易平台构建和发展商旅文会融合新经济等方面着力，共同构建跨市域的白酒产业生态圈，形成"品牌、销售在成都，生产在各市州"的发展格局，打造国内一流的区域合作新典范。成都市经济和信息化局相关负责人也在成都市酒业协会第一届会员代表大会上表示，政府有序引导，企业积极献计献策，以助力成都白酒产业地位重塑；同时，结合成都绿色食品产业高质量发展方案与乡村振兴战略，将企业特色融入成都经济高质量发展过程中，从而发挥白酒产业的成都区位优势。

利用四川自贸区建设机遇，积极推动"先行先试"，在中国（四川）自由贸易试验区成都天府新区片区内，探索建设"一带一路"酒类商品进出口口岸，推动白酒国际贸易便利化的体制机制创新，打造四川自贸区特色亮点。

联动天府商品交易所、四川联合酒类交易所、四川中国白酒产品交易中心（泸州），建立囊括全川白酒年份酒、基础酒、包材、原粮、曲药等上下游产品交易的白酒金融交易平台，提供现货挂牌、招标、拍卖等交易方式，实现电子商务、大宗商品交易、现货流通三者的有效整合。

以成都建设世界文化名城为契机，依托成都丰富的文创产业资源，大力推动川酒与成都商旅文会产业融合发展，打造世界独具特色的川酒文化名片，搭建"线上+线下"以品牌推广为导向的"体验+消费"平台，助推川酒企业创新营销模式和商业模式，引导川酒"供给变革"。

以都市现代农业产业功能区为重要载体，结合川西林盘保护修复、农村人居环境整治等重大工程，支持邛崃、蒲江、大邑等传统酿酒区域的中小品牌酒企向特色酒庄方向发展，着力培育代表酒庄酒核心价值的形象标杆酒品牌，将白酒资源和产能优势转化为巨大的品牌价值，促进成都白酒发展方式的转型。

6.1.4 联合发展的模式

在互联网经济持续发展的新常态经济下，四川省要顺应新常态下的供给侧改革的要求，实现区域资源优化配置与优化消费结构，而四川省酒业的未来发展模式在区域资源的依托下，依靠与互联网金融的融合，发展线下、线上一体化的新型酒业模式，开辟新的市场主体。由此，四川省酒业的未来发展模式，即是对四川省线上线下酒业市场、供应、企业理念等方面进行数据化、智能化的新型运行模式。基于所侧重的依托和优化的方面不同，新酒业的未来发展模式也有多种设计。

以价值驱动为核心的新模式，即是以价值诉求、价值创造、价值增值和价值供给为内核驱动的商业模式，关乎四川中小酒企发展经营的各个维度。四川省重视酒业发展的新机遇，希望通过中小酒企与互联网金融的融合发展新的业态和商业模式，从而激发经济活力。而要在四川省发展酒业，就不能局限于传统实体商业理念，必须站在互联网经济发展高度，将互联网理念与创新驱动的内核相结合，引导企业理念调整和优化，实现中小酒企发展的驱动内核的转型，建立以价值驱动为内核的四川省酒业发展模式。将互联网背景下的消费者消费体验、企业服务提升及线上线下互动互助进行整合，从消费者、企业和线上线下平台三个维度形成价值诉求；基于成本效益原则和大数据下的管理成本控制和利润增长，延长价值链，增设价值链上的多种利润点，获得利益最大化，实现价值增值；通过建立酒企业务效率优化体系，对科学技术和产品进行快速更迭和配适，以完成使中小酒企获得持续发展优势的价值供给。

四川省中小酒企要想实现创新发展，就要在依托大数据、区块链、人工智能技术等科技创新应用的背景下，通过线上、线下互动融合，提供多样化服务形式，建立新的营销模式与供应链，即利用技术实现及时快捷的物流配送、更快速的商品供给和建立更高效的盈利模式。为适应四川省不断改变的酒产品消费需求，酒企的新业态要建立与之配适的发展模式，基于四川省大数据应用、区块链去中心化、人工智能等技术运用，进行企业 ERP、APP 等数据系统的开发，以适应中小酒企的持续发展；通过数字化和技术化改革，构建网络化、集成化、智能化、数据化的供应体系；以消费者需求为中心，注重个性化打造，满足消费者更高的服务需求；实行精细化成本管理，降低管理成本，追求更好的效率保障和资本效益。四川省拥有丰富的产业资源、完善的供应链和先进的酿酒业体系，是发展中小酒企的优质土壤，基于四川省特有的优势资源，实现产业上的突破，是传统酒业做不到的，同时也是四川省中小酒企未来发展不可缺失的一环。

在四川省存在中小酒企众多企业资金流不足、业态升级面临基础设施建设不足的背景下，酒企的转型以及企业结构的升级，需要借力新型金融工具和技术手段。将互联网金融融合在供应链环节，将社会资金流导入实体经济，通过实体产业和金融资本的结合，运用大数据共享、区块链去中心化等技术打破信息壁垒，将构建"人、货、场"三维体系，打造新中小酒企生态圈。全新的生态圈将缓解中小酒企多方主体的资金周转压力，扩大了消费需求，同时也降低了供应成本，拓展了酒业市场，加快了酒业区域整体布局，更有利于四川省中小酒企的创新发展[①]。

如今，一个较成功的实现线上、线下深度融合的例子莫非"盒马鲜生"，这也能为四川中小酒企提供思路。"盒马鲜生"提供多种支付方式，提升了消费者的服务体验感受；同时也提供线上、线下同质同源的供应链，解决了生鲜的种类和品质问题；提供的 3 千米内的快速配送体系，既优化了线下购物的效率体验，也满足了线上购物的品质期待。以消费者需求为出发点，实现线上、线下的深度融合，是"盒马鲜生"获得成功的关键。四川的酒业也可以从中受到启发，立足线上与线下渠道的融合，使整个产业集群得到进一步发展。

对于四川省一、二线城市而言，区域经济发展状况好，政府的政策支持在中小酒企的发展中也提供了极大的助力。新酒业依托于新人群，四川省作为第一经济大省、人口大省，所拥有的消费人群众多，且易于接受新事物和新的酒业模式。在四川的大城市中，大型酒企较为发达，产业资本雄厚、企业创新氛围好、酒业产品类型众多、企业酒业体系比较完善，为中小酒企创新发展提供

---

① 傅国城. 关于白酒品牌建设与文化定位的研究 [J]. 中国酿造，2008 (1)：97-99.

了优质土壤。而对比四川省一、二线城市酒业行业可以发现，四川省三、四线城市的酒业市场在消费升级和产品需求上具有巨大的升级空间，消费者的消费水平提高和对酒产品多样化的需求带来消费市场的扩大，为中小酒企的发展注入了活力。在互联网经济发展的背景下，四川省不同区域对新酒业模式的具体应用，将在不同区域内实现中小酒企对物流、技术、资本最大限度地整合，进而促进区域与区域之间的酒业市场的交流和物流体系的融合。由此，中小酒企的发展将给四川省酒业业态带来新一轮变革，引领互联网经济的新发展。大数据数字化、互联网信息化及云计算存量化等技术变革为四川省中小酒企发展模式奠定了坚实的基础。新技术促进企业加快产业转型升级，区域经济融合，关联产业关系更加密切。物流方式变革带动四川省中小酒企区域经济的发展。四川省内不同区域的中小企业在新兴的物流配送方式下，也可以实现更精准的配送和更及时的补货调拨，给消费者带来更优质的物流服务。

线上、线下的高度融合和供给侧改革使得区域经济的差距缩小。线下的高度融合，让三、四线城市的消费人群也可以得到一、二线城市消费人群同样的消费体验甚至更加精准，更符合不同消费者的不同需求。线上、线下高度融合使四川省不同区域的经济活动更加便捷，缩短了不同区域经济之间的差距。

总而言之，从数字化应用、体验式消费、中间环节减少的产品供给及服务于个性化消费群体等互联网经济发展下的中小酒企创新需求来看，着眼于服务质量提升、物流网络构建、新兴技术运用、企业价值重构的中小酒企发展模式将是四川省酒业市场未来发展变革的方向，同时也是互联网经济下酒业的又一次转型升级机遇。对四川省中小酒企多种发展模式的探讨，将为四川省中小酒企可持续发展提供理论支持。

6.1.5 认可度

四川省酒业是四川省食品工业的支柱产业，全行业规模以上企业有161户，2005年实现销售收入313.3亿元，同比增长1 725%，实现利税81.94亿元，同比增长1 498%，在2005年实现了生产、销售、利税的同步增长。全行业稳步健康发展。

四川是全国的酒类生产大省，也是消费大省。由于四川人天性豪爽、热情，长期以来有饮酒习惯，酒市场情况较好，全年大约有150亿元的销售额，但由于生产企业较多、市场竞争也较激烈，白酒、啤酒市场集中度较高，主要消费本地产品，黄酒、果露酒市场集中度相对较低，主要消费省外产品。为了四川酒业的发展，四川中国白酒金三角酒业协会主要开展了行业管理、行业规范技术服务、质量促进、市场拓展、人才培训、行业交流等项工作，通过这些工作的开展，促进了川酒的健康发展。

在全国白酒行业中，四川地区的产量与产值都处于前列，既有五粮液、泸州老窖、剑南春、郎酒、全兴、沱牌等全国品牌大企业，也有东圣、潭酒等地方品牌中小企业。在挤压式增长态势下，四川中小白酒企业不仅面临供给过剩、成本上升、品牌价值不足等问题，还存在高端白酒渠道下沉的竞争压力。当前，四川中小白酒企业的挑战与机遇并存，探讨四川中小酒企的发展趋势和成长路径，具有重要的理论与实践意义。四川省有着悠久的酿酒历史，历来酒业比较发达。改革开放后，四川酒业地理优势、技术优势和人才优势逐步凸显，其中白酒产业发展迅速，引领行业发展，保持着较强的盈利能力，白酒成了四川省的支柱产业。然而，四川省内白酒市场基本由大型企业占领，而中小型酒企所能分割的市场空间非常受限。其原因在于，四川省白酒企业产业集中度低，区域内中小型白酒企业竞争白热化的问题愈演愈烈，严重挤压中小型白酒企业的发展空间。长久以来，四川省内的原酒产地仍然没有形成产业化集群的整体效应，存在大量的重复建设和资源浪费问题。四川省中小型白酒企业实力良莠不全，管理不规范，财务制度不健全等问题，与川酒在全国市场上的龙头地位和形象严重不符，是川酒在目前强势位置下最明显的劣势所在。

据不完全统计，我国白酒企业已经达到4万余家，年产量已经突破千万吨，达到世界年产量的40%左右。虽然市场上白酒企业众多，但是大多数企业的产品相互模仿，从产品设计、营销方式、广告宣传等都大同小异，产品同质化现象严重，形成了现在白酒"同结构、同等级、同质化"的市场，消费者对于中低端白酒品牌的认知度不足。

四川酒业有一批全国知名的、学识渊博的专家教授，2006年评选出的全国18位白酒酿酒大师当中，四川占了一半，这不能不说是川酒的一个巨大优势。此外，还有一大批勤奋工作、学有所长、理论联系实际能够解决生产、酒体设计、技术创新、产品开发等过程中实际问题的科技工作者和技术骨干、国家级品酒员、省级尝评员、中级以上酿酒专业技术人才，有设备先进的科研院所和国家技术中心及博士后科研工作站等。

因此，四川酿酒优势显著。如何协作发展是推动四川中小酒企发展的关键。我们认为以"六朵金花"为主体，团结协作，突出科技创新，攻克一批中国白酒业共性的核心技术，提升四川白酒企业的核心竞争力，自然就会带动整个酿酒行业的健康发展，使其整体技术水平进入世界先进行列。

6.1.6 效益逐年提升

四川酒文化资源开发与保护的过程中存在财务意识淡薄、融资渠道狭窄、专业人才缺乏等方面的问题。要做好四川酒文化资源开发与保护的财务管理工作，以保证酒文化资源的传承并持续健康发展，需要加强对企业财务管理工作的思考。[①]

倘若追本溯源，经久不衰的成都酒文化之所以流传有序，酒产业得以传承发展与成都发达的农业经济、繁荣的商业贸易等有着紧密联系。成都产区具有千年的酿酒历史，辖区内邛崃、大邑、蒲江、崇州等地白酒资源丰富。其中，邛崃作为"中国白酒原酒之乡"，在鼎盛时期原酒产量占全国的近70%，具有一定的知名度和美誉度。目前，成都拥有白酒生产企业360余家（其中规模以上企业28家）；窖池5.2万口，白酒生产能力约为50万吨；拥有水井坊、全兴酒业、文君酒厂、环球佳酿、古川酒业、蜀之源酒业、有缘坊等龙头企业；白酒生产企业拥有各类白酒商标、品牌千余个，其中中国驰名商标5件、四川省著名商标20件，"邛酒""王泗白酒""崇阳春""水井坊"获得"国家地理标志保护产品"称号[②]。

酒业作为四川的重要支柱产业之一，拥有雄厚的产业基础，长期以来对工业增长的贡献非常稳定且突出。2017年1~6月，酒的制造业增加值同比增长12.4%，增速比规模以上工业企业平均水平高4.4个百分点；增加值占规模以上工业企业的比重达到6.9%，占有举足轻重的地位；对工业增长的贡献最大，贡献率为10.3%，拉动规模以上工业企业增长0.8个百分点。从走势来看，2018年上半年延续稳定增长态势，各月累计增速均保持在两位数（图6.3）。

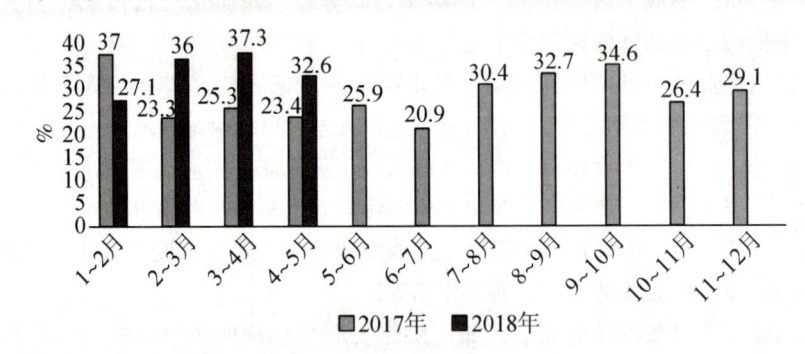

图6.3 酒的制造业增加值累计增速走势

数据来源：四川省统计局。

[①] 张永强，高延雷，王刚毅，等．"互联网+"背景下农产品电子商务两种典型模式分析[J]．黑龙江畜牧兽医，2015（11）：8-10．

[②] 辛磊．白酒文化与文化营销[J]．长沙铁道学院学报（社会科学版），2005（4）：106，110．

部分重点企业产值快速增长。2017年1~6月，酒的制造业企业共有380户，其中，大型企业有11户，中型企业有60户，小型企业有298户，微型企业有11户；工业总产值同比增长16.9%；11户大型企业中有9户企业产值实现增长，部分企业产值实现快速增长，如泸州老窖、水井坊、江口醇、小角楼、沱牌、郎酒增速均在20%以上。

重点产品产量稳定增长。2017年1~6月，白酒产量为188 300万升，同比增长12.3%，占全国白酒产量的比重为38.2%，继续稳居全国第一；啤酒产量为110 900万升，同比增长6.8%；果酒及配制酒产量为1 100万升，同比增长120%。

营业收入稳定增长。2017年1~5月，酒的制造业实现主营业务收入1 040.3亿元，同比增长18.5%，增速比规模以上工业企业平均水平高4.7个百分点；380户企业中有295户主营业务收入实现增长，其中，11户大型企业中有9户主营业务收入实现增长，如剑南春、水井坊、郎酒、泸州老窖的增速均在25%以上。

利润延续快速增长势头。2017年1~5月，酒的制造业实现利润总额131.8亿元，同比增长32.6%，增速比规模以上工业企业平均水平高9.8个百分点；利润总额占规模以上工业企业的比重达到13%，对工业企业利润的贡献率为17.2%，拉动规模以上工业企业的利润增长3.9个百分点；利润率为12.67%，比规模以上工业企业平均水平高6.57个百分点，盈利能力较强。从走势看，2018年上半年延续快速增长势头，各月累计增速均保持在20%以上。部分重点企业效益良好。380户企业中有362户实现盈利，企业盈利面达到95.3%；11户大型企业中有10户实现盈利，部分企业利润快速增长，如剑南春、五粮液、泸州老窖、沱牌的增速均在25%以上。

四川省经济和信息化委员会酒业发展处公布了四川省2015年1~6月份酒类产业运行情况。数据显示，2015年上半年四川全省酒类产业规模以上企业累计实现主营业务收入1 048.61亿元，同比增长2.84%；实现利税190.41亿元，同比减少3.83%；实现利润101.06亿元，同比减少7.16%。从2015年上半年四川白酒产业运行情况来看，全省规模以上白酒企业达343家，累计生产白酒185 100万升，同比增长4.4%。共实现主营业务收入967.75亿元，同比增长2.53%；实现利税179.21亿元，同比减少3.85%，其中利润总额为95.74亿元，同比减少7.45%。在啤酒产业方面，全省规模以上啤酒企业共实现主营业务收入45.17亿元，同比增长2.83%；实现利税7.57亿元，同比减少5.69%，其中利润总额为3.12亿元，同比减少7.34%。此外，2015年上半年全省规模以上发酵酒精企业共实现主营业务收入 18.27 亿元，同比增长 3.74%；实现利税 1.25 亿元，同比减少 19.49%，其中利润总额为 0.77 亿元，同比减少 3.70%。全省规模以上黄酒企业共实现主营业务收入 4.41 亿元，同比增长 17.96%；实现利税 0.85 亿元，同比增长 15.46%，其中利润总额为 0.62 亿元，同比增长 15.59%。值得一提的是，尽管 2015 年上半年酒类产业部分细分领域规模以上企业实现利润出现同比下降，但早前省统计局公布的数据显示，2015 年上半年酒、饮料和精制茶制造业增加值增长 12.6%，而以此为代表的相关传统产业对于 2015 年上半年四川省工业增加值增长起到了积极的作用。分析指出，2015 年上半年全省经济运行总体平稳，第二季度经济虽略有回升，但受市场需求不足等因素的影响，部分行业产能过剩等问题突出，经济回升的基础还不稳固，经济下行态势尚未根本扭转，保持全年经济的稳定增长。2015 年下半年尚需坚持实施稳增长的各项政策措施，促进投资消费和三次产业的稳定增长。

俗话说川酒甲天下，四川白酒相当出名，表现亮眼，这也从侧面体现出行业形势的改变。从 4 家上市的川酒企业的半年报可以看出，在报告期内，五粮液再次刷新了业绩的纪录；上市的酒企中半年营业收入的第 4 名是泸州老窖；舍得酒业在上市公司中，股东的净利润比上一年增加了 166.05%；水井坊的净利润比上一年增加了 133.59%，在上市的酒企中排名第 3。

2018 年上半年，共有 18 家白酒上市企业，这半年的营业收入共有 1 044.25 亿元，第一次超过了千亿元。贵州茅台依然拔得头筹，川酒企业表现得很突出。2018 年上半年，水井坊营业收入为 13.36 亿元，比 2017 年增加了 58.97%；净利润为 2.67 亿元，比 2017 年增加了 133.59%。

五粮液作为川酒的老大哥又一次刷新了业绩的纪录，2018 年上半年营业收入为 214.21 亿元，比 2017 年增加了 37.13%；净利润为 71.1 亿元，比 2017 年增加了 43.02%。泸州老窖营业收入为 64.2 亿元，净利润为 19.67 亿元。舍得酒业营业收入为 10.18 亿元，净利润仅低于老白干酒，在上市的酒企中排名第 2。"六朵金花"除这 4 家上市公司外，还有郎酒、剑南春。"六朵金花" 2018 年上半年营业收入为 652.4 亿元，净利润为 142.3 亿元。规模以上的白酒企业营业收入为 1 196.7 亿元，净利润为 174.8 亿元。

6.2 互联网金融面临的挑战

6.2.1 互联网自身的高风险性

基于互联网和移动设备的信息安全问题仍然是互联网金融发展道路上的一个强有力的束缚①。2017年，网络攻击、网络诈骗、信息泄露等问题日渐突出，攻击手法和病毒变种也进一步多样化，政府部门、医疗机构、科研机构、公共交通等领域深受影响。随着互联网日益发展，互联网安全问题也接踵而至。这些问题不仅给我国互联网金融企业带来高昂的网络维护整修成本，还使企业的数据被入侵者盗取的风险增大。

6.2.2 网络病毒

在互联网金融环境下，网络病毒可以窃取用户的资料如社交账号、网上银行账号和密码等，导致金融行业的大量资金被窃取的风险增大。同时，病毒运行时不仅要占用内存，还会中断、干扰系统运行，使系统运行变慢；一些文件型病毒更是能在短时间内感染大量文件，使每个文件都不同程度地加长了，造成磁盘空间的严重浪费；引导区病毒还会破坏硬盘引导区信息，使电脑无法启动。这些网络病毒甚至会使电脑系统崩溃，给互联网金融行业日常的文件处理带来威胁。这就要求互联网金融行业网络管理能随着病毒的升级换代而及时更新维护系统。

6.2.3 数据传输过程易入侵

互联网金融的基础是数据，数据的传输关乎着整个互联网金融的成败②。目前，互联网的数据传输主要是通过TCP/IP协议来进行的，而正是由于TCP/IP协议的简单高效的特性，使得互联网入侵者可以不留痕迹的伪造、篡改、复制互联网数据，并且成本极低。所以，相比于传统金融行业，互联网的存在使用户的信息更容易在传输过程中被截获、窃取。由于互联网是一个开放式平台，如果密钥管理不严格、加密技术不够先进，入侵者就可以在客户向终端机传送数据的过程中进行攻击，甚至攻击整个系统。所以，加密技术也极大地影响着

---

① 张淼，庄锦艳.互联网金融风险与监管[J].合作经济与科技，2019（18）：66-67.
② 胡蓉.互联网金融应有大数据门槛[N].深圳商报，2019-08-28（A01）.

互联网金融的发展。

6.2.4 用户权益的保障难度大

信息安全是互联网金融发展的前提和基础。只有构建安全的金融信息服务平台，互联网金融才会实现可持续发展①。对互联网金融用户的信息安全保障和消费权益维护是互联网金融时代永恒的责任与使命。大数据技术的成熟与推广，既描绘了网络用户的行为与需求画像，又滋生了"定向广告骚扰""精准诈骗"等新的社会问题，敲响了信息安全的警钟。由于上述情况，互联网固有的风险性较高，用户信息泄露呈现渠道多、窃取成本低、追查难度大的状况。对于掌握大量个人信息的企业平台和机构，其信息保护的资质审核与认证程序尚未形成。在保障消费者权益的进程中，从提前的教育警示，到事发时的应对处理措施，再到最后事后的补偿教训等环节均未得到应有的重视，权益保障的机制运行还不够成熟，使处于弱势一方的用户群体屡屡成为互联网金融负面事件的最终买单者。如何尽快制定个人信息保护的相关法律规范，形成个人信息安全保护标准，提升系统防御攻击和反追踪能力，加强关键信息基础设施保护，加大网络安全审查力度，是法规制定方、监管审查方、技术改进方、企业运营方共同面对的挑战。

6.2.5 相关法律法规不健全

6.2.5.1 传统金融监管制度对互联网金融的监管效果差

互联网金融在发展过程中容易出现各种各样的风险，需要有关部门和人员加强对互联网金融的监管，保证互联网金融的健康发展②。我国互联网金融发展已全面涵盖第三方支付、网贷、众筹等模式，参与主体包括银行、证券、保险、基金管理等传统金融机构以及互联网门户网站、电子商务机构、小额贷款公司、融资性担保公司等非金融机构。互联网金融呈现了"井喷式"的发展，各种互联网金融模式应运而生，混业经营态势明显。然而，我国现行金融监管制度沿用的是传统金融监管制度，已经不能对互联网金融这种新兴金融模式进行有效监管。特别是传统金融实行的"分业监管"体制，已经不能对互联网金融"混业性经营"进行有效监管。互联网金融已经涉及我国居民日常生活的方方面面，而互联网金融领域法律法规尚未健全。近年来，《中华人民共和

---

① 靳玉红. 大数据环境下互联网金融信息安全防范与保障体系研究 [J]. 情报科学, 2018, 36 (12): 134-138.

② 陈旻瀚. 互联网金融监管相关探讨 [J]. 现代经济信息, 2016 (18): 289, 300.

国电子签名法》《网上银行业务管理暂行办法》《网上证券委托管理暂行办法》《证券账户非现场开户实施暂行办法》等法律法规先后出台，但这些法律条款都只是基于传统金融的网络服务所制定的，并不能满足互联网金融发展的需求。在信息不对称的情况下，缺乏金融知识的消费者、投资者，或在盲目轻信中其权益受损，或在投机赌博的心态下罔顾风险，间接导致互联网金融领域乱象丛生、事件频发，致使资源浪费与财产损失。仅依靠经营者的自律自控和客户群的理性谨慎，显然不能解决问题，必须有政府机构的引导规范。

6.2.5.2 相关界定不完善

由于电子合同相对于一般的书面合同来说，具有其独特的无形性，很容易对其进行修改，从而使得电子形式的合同、签名的可执行性、证明力度具有一定的争议，容易导致法律纠纷。因此，法律制度必须在这方面进行具体的规定，为实际合同纠纷提供具有参考意义的法律依据。

另外，现有法律未对以互联网理财、互联网资产管理等为名的各类互联网金融公司属性做出明确规定，对于互联网金融的准入规则也没有明确说明。拥有一个严格的市场准入机制，有利于营造有序、高效的竞争环境，推动互联网金融进行良性竞争循环，同时也可以排除可能危害用户利益、缺乏从业素质的机构进入网络金融体系。

6.2.5.3 新兴行业监管困难

在完善互联网金融相关法律法规的同时，如何进行相应的监管是监管部门和业界需要共同关注的问题。目前，我国互联网金融的监管制度非常缺失，既缺乏具体的监管主体，也缺乏行业自律协会，仅有第三方支付领域处在央行有限的监管范围之内，而这种有限的监管又因为互联网企业不断的金融创新而变得不可持续，还涉及监管协作问题。央行领导在中国互联网金融峰会上表示，"互联网金融不能碰非法吸储和非法集资两条底线"。虽然互联网金融监管问题已经引起我国相关部门的注意，但互联网金融呈现的业态十分复杂，相互交叉渗透的模式比较常见，分类比较困难。因此，互联网金融监管问题仍然是该领域需要面对的一大挑战。

6.2.6 征信披露的数据缺漏

统一完备的征信体系和开放透明的披露制度是控制风险、实行监管的工具。金融活动的关键在于了解和信任。信任是交易的基础，了解是信任的前提。当前，央行征信中心所掌握的信用数据在数量和质量上均不能满足现有经济活动的需求，民营征信机构依靠用户规模优势建立起来的征信系统尚未形成统一鉴定标准，机构间合作过程中的竞争与利润分配始终是敏感而现实的话题，部分数据的失真造假问题不得不引起关注。不同于个人层面的单向征信，对企业的了解还需要其主动披露。当下的互联网金融领域，不同业务类型的信息披露准则尚在制定与规范过程中，平台公司对披露的理解及配合也需要意识的增强。如何尽快建立正规统一、权威有效的征信体系，如何保障征信系统下信贷数据符合已有的监管要求，如何化解民间征信机构公开性和营利性之间的矛盾，如何增强企业的主动披露意识、规范企业的披露行为、提升披露信息的使用价值等，都是横亘在互联网金融繁荣发展途中亟待解决的问题。

6.3 中小酒企发展面临的挑战

6.3.1 行业背景

6.3.1.1 国内市场环境

据国家统计局发布的 2017 年全国酒类行业生产经营数据，我国规模以上白酒企业实现酿酒总产量 1 198 060 万升，同比增长 6.86%；销售收入达 5 654.42 亿元，同比增长 14.42%；利润总额为 1 028.48 亿元，同比增长 35.79%。白酒已经潜移默化地根植在人们的日常生活中，作为我国特殊的酒类产品，其影响力不论是在国内还是在国外都起着举足轻重的作用。白酒作为一种特殊的代表性商品，其发展也在随着经济发展发生变化。近年，白酒产业发展经历低谷之后其销售额缓步增长，逐渐形成全国范围内向高端白酒品种发展的趋势，而中小酒企则在市场竞争中逐步被边缘化，面临资金、市场、品牌等方面的发展困境。但从全国范围来看，全国酒类产业依然处在一个高速增长时期，具有很大的潜力。

白酒产业作为四川发展的重要产业之一，对四川产业结构转型升级有着重要作用。区域产业集中化无疑是四川酒企发展的又一重要因素，从发酵、存储、罐装，到生产，到运输，到最后销售形成的各个环节成本的节省都为四川酒企发展奠定了基础。

强者越强、弱者越弱也适用于四川高端酒企与中小酒企的对比，高端品牌凭借已经占有的资金和市场以及在消费者手中的信赖，随着社会经济发展其销售额越来越高，而中小企业需要资金来提升自身酒类品牌的口感和质量，完成产业链条的稳定，逐步淘汰一批中小酒企。

6.3.1.2 国际市场环境

近年来,随着经济全球化的持续发展和 WTO 规则的巩固,中国白酒产业逐步进入世界酒产业的行列。无论是高端品牌还是中小企业,在制定企业发展战略目标时都想过要进军国际市场,扩大产品销路。但由于白酒受中国传统底蕴影响,具有强烈的中国印记,因此在进军国际市场上难以本土化,只能保留白酒原有属性进行销售,一定程度上增加了难度。而外国消费者对白酒具有很强的选择性,消费群体受众小,难以像国内市场一样面向全体大众,大多数外国消费者由于饮食习惯等原因难以接受白酒作为商品,并且外国市场上流行的伏特加、威士忌等洋酒已经在市场上存在多年,且符合外国文化和本地的选择需求,原材料选择到生产到销售其成本不论是距离还是技术都远胜于白酒在国外的销售,因此进军外国市场具有相当大的阻力。

在中国白酒进军外国市场的同时,外国企业也看中了中国市场。由于伏特加、威士忌的口感和品牌被中国消费者接受,因此在洋酒进入国内市场后迅速占领了一部分市场,并且不断发展。在中小企业应对高端品牌竞争的同时,国外洋酒也在瓜分市场份额,在中小酒企无法利用国际市场促进企业发展的同时,国外洋酒的发展成为中小酒企面临的又一困境。

6.3.2 关于企业发展的相关政策

针对中小企业面临的国际市场和国内市场,国家相关部门出台了一系列政策来支持和巩固中小酒企的发展。

为了打开国际市场,提升产业整体竞争力和国际知名度,四川省政府于 2008 年提出了中国白酒金三角(川酒)集群品牌的发展战略。但当前集群内面临企业无序竞争、产业融合不足、文化结构失调等问题,集群发展已出现疲软态势。四川省政府《关于推进白酒产业供给侧结构性改革 加快转型升级的指导意见》提出,中小酒企集团化发展包括以下内容:支持省属国有企业参与川酒企业培育和组建大集团,加强二、三线品牌企业培育,进行年度动态管理;支持重点产区组建原酒产业集团,打造原酒品牌,提升原酒品牌化率和议价能力。省经济和信息化委员会《关于促进白酒产业转型升级健康发展的指导意见》指出,紧紧围绕省委、省政府打造食品饮料"万亿元产业"战略部署,贯彻落实稳增长、调结构的重要举措,树立"酿造老百姓喝得起的好酒"理念,以市场为导向,以质量为保障,以品牌为引领,进一步培育大企业大集团,提高市场占有率,实现"四个转变"(从注重高端产品向以高中低端兼顾的产品结构转变,从注重追求外观包装向以产品质量健康为主的功能定位转变、从注重公务和商务消费向以大众消费为主的市场定位转变、从注重追求高价格高利润向合理价值价格回归的发展理念转变），促进白酒产业科学发展。优化产业结构，促进转型发展。控制总量，优化存量，进一步优化产业结构，推动白酒产业向"金三角"核心区集中，灌装、生产性服务业向园区集中。泸州市政府成立川酒集团，整合省内中小酒企。其将以"抱团发展，服务指导，平台共享"的发展思路，克服中小酒类企业存在的薄弱环节，搭建一个大型的、具有影响力的平台，把川酒品牌、文化进行资源整合，促进产业升级、品牌升级、营销升级，充分发挥川酒产区优势、原产地优势、质量优势，实现抱团发展、合作共赢。

《宜宾市2018年推进供给侧结构性改革工作方案》指出，大力振兴实体经济，再造传统产业新优势。确保全年传统产业增加值增长8.5%以上，不断迈向价值链中高端，优化白酒、化工、轻纺、建材、机械以及绿色食品加工等产业改造升级实施方案和具体路径措施，支持传统产业实施智能制造、绿色制造提升，深入实施《中国制造2025四川行动计划》，全力争创"中国制造2025"国家级示范区。紧扣建设"中国制造2025"国家级示范区的标准和要求，着力推进智能制造、绿色制造、服务制造试点示范，加快全市产业转型升级，进一步提升产业质量、扩大产业规模，推进制造业与信息化深度融合。深入贯彻国家深化制造业与互联网融合发展的指导意见，深入推广两化融合管理体系，推动信息化在发展理念、技术产业、生产体系、业务模式等方面与制造业全面融合，以两化融合带动产业加速发展，大力弘扬企业家精神。积极贯彻落实中央和四川省营造企业家健康成长环境、弘扬优秀企业家精神、更好地发挥企业家作用的实施意见，充分发挥企业家大讲堂平台的作用，多形式加强企业家队伍建设，出台宜宾市百佳企业、十大优秀企业家评选办法并组织开展评选活动，深入推进质量提升行动。贯彻落实《中共中央 国务院关于开展质量提升行动的指导意见》和《四川省开展质量提升行动实施方案》，建立完善质量提升行动和质量强市工作领导协调机制。大力实施品牌创建工程等八大工程。推进企业增品种、提品质、创品牌，打造"五粮液""宜宾酒"等一批含金量高、拥有自主知识产权和核心竞争力的知名品牌。实施质量对标提升行动。完善市长质量奖评定管理机制，进一步降低实体企业成本，认真贯彻落实国家的税收优惠和结构性减税政策，及时公示年度涉农收费清单、涉企行政事业性收费目录清单、涉企经营服务性收费目录清单、涉企保证金目录清单，做好政策解读。积极落实各项税收优惠政策，特别是推进结构性减税三项改革措施。落实国家税收优惠和结构性减税政策，强化小微企业税收优惠政策宣传和辅导，防范化解重大风险，分企业建立资产负债率警戒线，全面梳理市属企业债务结构、杠杆率、债务负担比率。积极搭建意向企业沟通对接平台，推动有需要、有条件的市属企业实施债转股工作，全面管控信用风险，加大不良资产处置力度，建立健全债券违约处置机制。查处非法金融活动，开展互联网金融风险专项整治，清理整顿虚拟货币交易平台和各类非法交易场所。建立市内法人金融机构股东资质负面清单，加强股东资质的穿透审查。严格执行差别化住房信贷政策，加强流入房地产市场资金的监测分析，制订防范化解政府债务风险工作方案以及年度工作计划，有序稳妥化解债务存量，合理控制债务规模。加大政府债务置换力度，全面完成存量政务债务置换。开展地方债务审计，坚决制止任何形式的违法违规举债担保和变相举债行为。摸清隐性债务底数，遏制增量、消化存量，防范化解隐性债务风险。这些政策的提出为中小酒企的发展提供了条件。

《泸州市千亿白酒产业三年行动计划（2018—2020年）》指出，建设优质白酒核心产能区，建立优质酿酒原料基地，建设纯粮固态酿造核心区，加快打造泸酒纯粮固态酿造品牌、泸州原酒品牌、名优企业品牌和特色产品品牌，创建全国浓香白酒示范区，建设白酒智能酿造示范区，推动白酒企业机械化、智能化、信息化改造，支持企业通过技术创新、关键技术和设备改造与研发，建设优质白酒品牌集聚区。联合宜宾、遵义，宣传推介"中国白酒金三角"整体形象，共同打造"中国白酒金三角"核心品牌，搭建白酒行业基础研究平台、成果产业化研究平台、质量检测平台，做优做强现有老品牌、打造特色新品牌。开展国家级、省级品牌建设，借助自贸区优势，推进泸州白酒出口，建设出口白酒示范区（市），加快探索"主品牌+系列产品"合作模式，促进中小酒类企业资源整合。做优仙潭、华明、玉蝉、鑫霸、国粹、沈酒等中小企业品牌，形成多层次"泸酒·名酒"品牌体系，建设白酒产业创新创业聚集区，建设白酒供应链创新与应用试点区，加快推进白酒营销模式创新。鼓励和支持白酒企业加快营销创新，探索跨界营销、旅游营销、体验式营销等新模式，不断拓展消费市场。引导白酒企业潜心研究市场、壮大营销队伍，健全多载体、多渠道、多层次的营销网络体系，支持智能销售终端应用，加强销售终端建设，建设优质白酒产业集群地，建设一流白酒产业园区。按照"集聚集优、共建共享"思路，加快构建中国白酒金三角酒业园区"产业东进、城镇北扩、相融互动"发展新格局，引导酿酒技改项目向园区集中。按照"一核三带、多点支撑、集聚发展"思路，推动优势产业、优质项目、优质要素向园区集聚，高标准再造一个酒业园区。加快"邻玉·中国酒镇"项目、白酒圣地特色小镇、泸州老窖酿酒工程技改、环球佳酿等重大项目建设，完善园区生产配套、生活配套和游憩配套设施。健全园区跟踪、服务、保障机制，提升园区综合服务能力。围绕"打造世界酒类行业发声之地和风向标"目标，高质量举办中国国际酒业博览会，持续深化产品交易、信息服务和文化展示三大平台功能。建设中国酒镇·酒庄，加快培育特色白酒小镇，充分挖掘酒镇特色资源优势，推进"酒+N"融合发展。实施"酒+N"发展战略，建设一批凸显酒文化的集中展示区、风情街和主题公园，鼓励企业上档升级，鼓励纯粮固态酿造。对符合《泸州市人民政府关于印发泸州市加快建成千亿白酒产业的意见的通知》"鼓励纯粮固态酿造"条件的白酒企业，给予窖池技改补助，加大品牌塑造力度。对合法合规使用泸州酒地理标志产品专用标志的企业予以适当补助。对首次获得中国驰名商标、中华老字号等国家级品牌给予 30 万元一次性奖励；对产业园区、重大共性功能平台项目获得国家相关部委或省政府认可授牌，且具有较大品牌和行业影响力的资质创建给予一定的专项补助。

6.3.3 同类竞争对手

6.3.3.1 全国普遍竞争对手

中小酒企全国普遍竞争对手是处于垄断地位的高端品牌白酒，作为国内顶尖白酒品牌除中国白酒金三角之外，贵州茅台在一定时期内处于垄断竞争的优势，但茅台镇白酒业产业集群发展较差。当地政府的政策制度、发展方向和战略都围绕国酒茅台而制定，这极大地制约了当地中小酒企的发展，各企业间恶性竞争愈演愈烈，每个中小企业仅仅依靠自身的水平无法建立健全产业链，要素市场成长极为缓慢，各生产流通环节效率低下。加之中小酒企没有资金提供技术创新支持，导致本地产品雷同、质量低下，茅台镇白酒业产业群难以扩大规模。除此以外，我国山西省的杏花村酒业集群共有酿酒企业 50 家，其中具有一定规模的白酒企业约有 10 家。部分中小酒企在拥有独立的销售体系的基础上还发展了特色酒文化旅游。杏花村中小型酒企的根植性较强，原料主要从当地采购，包材、灌装等由当地辅助企业提供。地理条件的优越保证了杏花村酒业集群酿酒用水的优质性，空间距离的临近，使白酒的传统酿造技术知识得到集中和外溢。各类白酒企业在原有基础上扩大了白酒生产的集聚与分工，重视技术创新和生产效率的提高。集群品牌优势的创建和地域文化的推广需要切实可行的企业品牌战略，发展镇域经济需要资金支持，同时也离不开当地政府的支持。

除此之外，啤酒产业的销售利用其饮用方便、产品新奇、价格合理等特点迅速获得了消费者喜爱。因啤酒的口感独特，在中小酒企发展之时，啤酒的发展无疑是其又一强烈竞争对手。

6.3.3.2　四川省独有企业竞争对手的优势

对四川省独有企业来说，无疑是与高端品牌酒和同类中小酒企竞争。对高端品牌而言，如泸州老窖、五粮液等中国白酒金三角生产出的高端白酒以其悠久的历史发展底蕴和独有的地理自然环境优势无论是在质量上还是在品牌上，都可以在与中小酒企的竞争中获胜。

与此同时，同类中小酒企的竞争，都拥有资金来源单薄、资金链条不稳定、集中化程度低等特点，大多数中小酒企是单大独斗型，希望凭借自己的资金、销售、质量等个人品牌因素打开市场，但由于高端品牌酒的挤压，使得中小酒企的个人品牌很大程度上不能在市场上存活太长时间。而中小酒企的个人品牌上市，产品都存在异曲同工之处，无论是从酒类的口感、产品的分类和定位，还是从产品的外包装、品牌名称的选取和设计，很大程度上都存在相似性。因此，四川中小酒企想要在激烈的竞争中占得一席之地，需要更加明确企业自身优势和定位，增强市场竞争力。

6.3.3.3　自身质量

中小酒企由于本身资金不足，融资困难，所以在企业创立之初酒的质量就远不如高端品牌酒的质量好，中小企业更多利用落后的技术和复杂的环境进行生产。众所周知，白酒生产的程序十分烦琐，从最开始的发酵、蒸馏，到后来的存储、罐装等，每一个程序都会影响酒的口感和质量。具体而言，从管理来说，现有中小酒企对现场管理的依赖程度十分高，酒的产出质量与之关联因素十分多。在管理层面，工人对酒的规范操作以及现场对卫生的重视程度、发酵地点的要求等，都是管理中的重要组成部分，中小酒企想要发展需要从这方面着手。

6.3.3.4　自身定位

相比于高端品牌酒而言，中小酒企的品牌定位在价格偏低的群体，在过去的发展过程中，部分中小酒企也尝试进入中高端市场，但由于其在质量、销售等方面始终无法与同类高端品牌酒抗衡，所以在发展中很快退出中高端市场。

6.3.3.5　自身营销策略

在高端品牌酒的发展过程中，利用其资金充足、销售渠道多等优势，将大量资金投入在营销上，如泸州老窖品牌打出"泸州老窖，中国荣耀""泸州老窖，国酒荣耀"等口号，牢牢地吸引了广大消费者，推出的国窖1573、泸州老窖浓香经典等品牌已成为相关产品的行业代表。同样地，五粮液也提出

"五粮液，世界的荣耀"等口号来吸引消费者，利用许多广告媒体提高其曝光度，增加消费者认知，拓宽其销售渠道。而中小酒企由于缺乏资金和渠道，一定程度很难在曝光量大的媒体推出自身产品，或是推出后反馈效果不佳。

6.3.3.6 处理方案

四川酒企的集群化发展并不只是简单地整合酒企那么简单，而是要在整合酒企的基础上，与其他产业融合发展，形成产业群，高效地吸收民间投资。恰好新兴的互联网金融能在中小酒企整合过程中为其提供资金支持。但是，现有的整合远没有达到这种效果。所以，目前我们需要同步推进中小酒企整合以及与其他产业的融合发展，同时也需要带动民间资本的进入，促进中小酒企的可持续发展。

在推进四川中小酒企整合的同时，不是简单地整合四川中小酒企，而是要推进中小酒企与其他产业的融合发展。例如，在整合中小酒企的基础上，推进中小酒企与当地旅游业的融合发展。调动民间参与的积极性。酒企的整合必须立足当地，扎根当地，在当地形成文化，推动当地经济的发展。与此同时，在中小酒企整合的过程中，政府资本不应该唱主角，而应该让位于民间资本。

6.4 互联网金融助力中小型川酒企业

互联网金融的诞生让中小型企业看到了一丝希望的曙光。相较于传统的银行融资，它们的融资对象不仅仅局限于那些大型国有企业或实力雄厚的私人企业，它们为中小型企业的融资提供了可能。这些互联网金融融资平台为中小型企业提供贷款并没有像银行那样苛刻。但是，为了获得这些互联网金融平台的贷款，中小型企业也必须自己做好功课，要让这些互联网融资平台相信自己的实力与发展战略，一定不能在互联网平台上丢失掉自己的信用。

6.4.1 中小企业在运用互联网金融时需要注意的问题

中小企业作为借款人，必须增强互联网金融意识，注重诚信和安全，做好融资准备。尤其需要注意以下几点：

（1）加强互联网金融业务知识的学习。互联网金融是一种新兴、陌生的中小企业融资模式。因此，中小企业需要组建专业的互联网金融团队，系统学习和掌握互联网金融相关法律法规、商业模式、业务流程等知识。同时，要有互联网金融意识和思维，顺应互联网金融发展的趋势。

（2）充分利用互联网金融平台融资。中小企业应根据自身业务特点、业务发展和资金需求，选择合适的互联网金融平台（P2P、众筹、电子商务平台等）进行融资。一般来说，普通中小企业适合采用P2P网络借贷模式融资，科技型企业、创新型企业适合采用众筹借贷模式融资，以电子商务销售为主要渠道的中小企业适合采用电子商务平台小额融资模式。

（3）加强网络安全建设。中小企业应加强网络安全建设。一是增强员工网络安全意识，二是加强网络安全人才的培养和应用，三是加大在网络安全方面的投资。积极维护和更新企业的软硬件设施，安装企业版防病毒软件，充分发挥安全硬件的功能。

（4）加强企业诚信建设。中小企业的诚信直接影响到互联网金融机构的信用评价和贷款。中小企业应加强自身诚信建设，营造良好的贸易环境。一是遵守法律法规，依法开展融资活动；二是诚实守信，规范线上、线下交易，积极与客户沟通，认真对待客户建议，及时处理客户投诉，提升客户满意度；三是企业应建立健全诚信准则，完善财务管理制度和流程。

6.4.2　中小企业在使用互联网金融融资时面临的主要问题

首先是网络安全。近年来，利用互联网犯罪的案件正在不断上升。据报道，我国每年的网络犯罪正以30%的速度上升，同时由于网络安全方面的问题造成个人和企业的资金、经营情况等数据的泄露，严重影响了互联网金融的发展壮大，阻碍了中小企业的融资。其次是征信体系不健全。传统的商业银行倾向于大企业的融资，对中小企业的融资较少，这就造成我国中小企业的征信体系建设不健全，借款人的违约成本较低，不利于互联网金融的发展和中小企业的融资。最后是制度不完善。我国金融以往是"分业经营、分业监管"，互联网金融模糊了以往传统金融的界限，容易造成监管真空，很多互联网金融公司利用网络平台发布虚假信息。以上这些问题伴随我国互联网金融的发展而产生。例如，2012年6月，淘金贷的"秒标"募集资金百万元后网站停止运营；2012年12月，优易贷负责人从人间蒸发，资金供应方无法追回所借款项；2013年，光大证券因交易系统出现的"乌龙指"事件；2014年，网贷之家遭到黑客的袭击以及2016年的e租宝、中晋系案件，打着互联网金融的旗号进行非法集资。以上问题给人民群众带来严重的财产损失和精神伤害，也影响了我国互联网金融的健康发展。

6.4.3　加强对互联网金融生态系统的建设

为了保证建设良好的互联网生态系统，规范互联网金融市场的秩序，需要做到以下几点：

（1）建立完善的互联网金融法制体系。我国互联网金融的发展还不完善，中小企业在互联网金融下的融资责任和权利的界定模糊。我国应该对互联网金融模式下的中小企业融资进行立法，规定各主体之间的责任，为中小企业融资营造良好的法律环境。

（2）加强技术创新，建设先进的互联网平台。互联网金融的发展需要更安全的创新网络平台，技术的创新对于互联网金融和中小企业在互联网金融下融资的监管将起到积极作用，尤其是要发挥大数据的技术优势，使融资双方的需求匹配度更高，融资更方便、快捷。

（3）完善监管体系和征信体系。传统金融模式的征信体系处于分割状态，征信信息共享度低，且一些中小企业征信信息没有包含在内，提议建立统一完整的征信体系及监管体系，在全国范围内登记征信信息，为互联网金融的发展和中小企业的融资提供依据。

（4）促进互联网金融行业协会发展和跨界金融资源的整合发展，联合政府、银行、企业以及互联网金融多方进行资源整合，各跨界部门形成行业协会交流互动，为中小企业的融资提供便利。总之，建立良好的互联网金融生态，以此促进中小企业的发展壮大。

而要建立良好的互联网金融生态，则需要政府部门的大力扶持与有效监督。政府作为政策的制定者和监管主体，要鼓励和支持互联网金融的创新与发展，加强互联网金融的法律法规建设和金融监管。为了促进互联网金融的发展，让他们更好地服务于中小企业，政府应该进一步加大对互联网金融的政策扶持力度，如给予税收优惠、对涉农小额信贷给予贴息、协助其完善必要的硬件设施等。尽快建立和完善政策性担保机构帮助小额信贷机构拓展业务。同时，推动金融机构加强与 P2P 网贷企业的合作，为中小企业融资提供更多的选择。加强互联网金融的法律法规建设。一是依据互联网金融的特征和未来发展趋势加强互联网法律法规体系的顶层设计，从法律主体、业务审核、准入和退出机制等方面做出总体设计；二是加快推进互联网金融相关领域的立法进程，从金融消费者权益保护、社会信用体系构建、信息网络安全维护等方面逐步搭建和完善与互联网金融发展相关的法律体系；三是互联网金融监管没有成熟的经验可以借鉴，只能在发展中发现问题和解决问题，制定和完善相应的互联网金融法制法规。加强对互联网金融的监管，使互联网金融能够规范有序的发展。面对当前互联网金融存在的问题，政府应加强互联网金融监管。其一，跟上互联网金融创新的步伐，明确互联网金融监管任务，建立健全互联网金融的准入、自律、退出及风险防范处理机制。其二，明确互联网金融监管主体。特别是对于 P2P 模式和众筹借贷模式，要明确它们的监管机构。其三，遵循"先发展，再规范"的原则，在发展中进一步完善监管体系。推动互联网金融信用信息平台建设。鼓励并扶持建立数据有偿共享和使用的平台。整理收集中小企业的信用信息，建立数据库，并对数据进行深度挖掘分析，构建一个封闭性信息共享平台，帮助金融机构进行贷后监控，防止借款人发生违约行为。

6.4.4 以大型川酒企业为例分析川酒企业的偿债能力

川酒的上市企业历史悠久，而且它们所拥有的偿债能力也是促进这些企业可持续发展的重要因素，我们选取五粮液、泸州老窖、水井坊、舍得酒业四家上市川酒企业发布的 2018 年第一、第二季度的数据进行分析，主要数据有流动比率、速动比率、应收账款周转率和资产负债率等指标，从结果中我们可以看出，这四家企业的偿债能力均较强。这些龙头企业较强的偿债能力为川酒企业树立了一个好的榜样，也为川酒的品牌塑造了一个好的形象。所以，中小型川酒企业要想在互联网金融平台上融到更多的资金，首先需要提升自己企业的偿债能力。

（1）实现利润最大化、企业价值最大化、股东财富最大化。作为一家公共型企业，四川酒企业拥有广泛的消费群体。

（2）合理运用各种管理方法。现代企业管理有多种管理方法。杜邦分析法分析了公司的偿付能力、盈利能力、运营能力，并推导出评估业务绩效的发展能力；平衡计分卡从财务、客户、内部运营、学习与成长四个维度分解了公司目标。在企业管理过程中，这两种方法都可以使用。需要指出的是，在财务报表分析中，如果采用杜邦分析法，应尽量减少该方法固有缺陷对管理层的不利影响；在使用杜邦分析法分析结果时，不应过分关注短期财务结果，但应考虑客户、供应商、员工、新技术等因素，并注意战略资产对企业核心竞争力的影响。在使用平衡计分卡的结果时，应尽可能排除沟通障碍、组织和管理系统障碍、信息交流障碍和绩效评估障碍。正确运用管理方法和对结果的正确解读，可以有效地提高企业的整体管理水平，在一定程度上降低经营风险，保证和提升企业的偿付能力。

（3）提高企业整体水平。从杜邦公司的财务分析体系出发，根据与偿付能力有关的计算指标，考虑影响指标变化的因素，再从各种影响因素中增加偿付能力指标，以提升企业的偿付能力。事实上，企业可以使用的银行贷款或信贷额度、或有事项和承诺、经营租赁等也会对偿付能力产生影响。因此，在企业管理中，应注重资产质量，控制投入因素的成本，选择适当的举债方式，降低融资成本，优化资本结构，提高产品质量，刺激内外部需求，深入挖掘价值。

（4）提升行业品牌。四川酒企业在行业内的竞争是不可避免的，但行业内也存在许多的共享与合作。行业品牌的创建和推广有利于企业软实力的建设，有助于增强企业的信誉和谈判能力。四川省打造的"白酒金三角"，增强了四川葡萄酒企业的核心竞争力，扩大了品牌影响力。五粮液、泸州老窖、郎酒、沱牌曲酒、全兴大曲、剑南春是四川酒工业的"第一梯队"，是国内酒工业发展的典范。近年来，面对四川葡萄酒产业发展和消费升级的新需求，面对四川酒产业发展和消费升级新需求，四川省在进一步提升二线品牌的知名度，川酒行业品牌的形成将大大提升川酒企业的软实力与川酒在全国乃至全世界的知名度和竞争力。

6.4.5　数字化转型助力中小型川酒企业发展

在新经济时代，数据已经成为企业的核心资产。通过数字化转型，企业能够深入挖掘数据价值，构建智慧大脑，解决如何高效、低成本地制造产品这一基本痛点。但数字化转型不是盲目追求新技术，而是要根据企业所处行业的特点、企业自身的状况明确转型目标以及要解决的问题，实现有针对性的转变。川酒企业通过数字化转型，构建基于企业私有云的智能制造及设备工业互联平台基础框架，能够打通企业生产全链条的价值流，实现信息透明化；能够建立存储与生产环节深度协作的精益物流，进而解决川酒企业经营发展中所面临的上述问题。

川酒企业的"手工作坊"酿造方式有很多弊端，如操作质量不但会受制于工人的知识和经验，还会受到工人工作心情以及疲劳程度的影响。为了降低工人的劳动强度，很多企业在逐步改进工艺流程，如加大装量斗、用车装粮糟、糠壳的配送采用叉车等，但摊晾、上甑过程中人工操作方法的弊端还是比较突出，很难保证酿造工艺的稳定性和质量的一致性。通过数字化转型，川酒企业根据自身的酿造工艺，探索出适合自己的标准化生产工艺流程，推动制造过程的自动化，能够保证产品工艺和质量的稳定性，并能进一步挖掘设备潜能，提高生产运营能力。

为了满足消费者个性化的需求，白酒企业需要不断创新，缩短创新周期。波动性的市场需求对企业生产制造环节的灵活性提出了更高要求，企业需要对生产流程进行大幅度的数字化改造。通过数字化转型，川酒企业能够更好地搜寻、整合、利用消费者的偏好和需求等方面的信息,实现产品的精准定位,迎合甚至引领消费者的需求。

数字化转型,最终能够实现包括生产任务、车间实时投入/产出、生产效率的实时统计等生产计划信息的无纸化、实时化传递;实现成品酒包装线在线设备的联机,实时监控设备状态、产量、能耗(电、水),并对设备相关效率进行实时统计和分析,提前预警和处理生产异常;通过多系统集成(SAP、三码系统、WMS成品仓系统),实现生产数据透明化,为工厂运营决策及生产、计划、物流、品质、工艺、设备等日常管理提供数据支撑,提高企业的经营管理水平。

产品安全追溯体系的建立,需要降低产品生产交易过程中的信息不对称现象,利用信息系统实现信息数据的共享与传递。企业通过对生产流程的数字化改造,利用IT系统,在订单处理环节依靠二维码技术开始追踪该批次产品的生产,直至产品的包装及送达客户。相应的数据存储在企业的数据库中,并在适当的时候发送给政府部门或客户,实现产品生产信息的共享。

互联网金融与四川中小酒企融合发展的主要挑战来自融合机制以及融合认知上的障碍。互联网金融与四川中小酒企融合发展的过程中,由谁来主导是必须思考的问题;在互联网金融与四川中小酒企融合发展的过程中,四川中小酒企应当处于主体地位。四川中小酒企行业更加熟悉行业的运行规律,同时也对本行业的资源分布有所了解。互联网金融协助四川中小酒企解决其融资约束,帮助其进行互联网营销,拓展其市场份额。

7 互联网金融与四川省中小酒企融合发展实施路径

通过前文深入探讨，随着大数据、系统开发、通信技术等新兴互联网技术的发展，传统金融的运营管理和产品服务已不能满足客户对金融的要求，互联网与金融融合方式以其独特的优势迅速受到金融业的追捧。2019年7月李克强总理在达沃斯论坛上说道："中国有7 600多万个体工商户，带动约2亿人就业；有3 600多万户企业，其中90%是中小微企业。这些量大面广的个体工商户和中小微企业，在扩大就业、方便生活、拓展消费等方面发挥着重要支撑作用，必须予以大力支持。要加强普惠金融服务，采取定向降准、定向中期借贷便利、提高不良贷款率容忍度等措施，鼓励金融机构加大对小微企业的信贷投放。支持大企业与中小微企业融通发展、优势互补，打造更具竞争力的产业链。"四川省中小酒企需要借助互联网金融模式，实现资本流通、清算和投资等，利用互联网新型技术解决中小酒企在企业经营策略、企业融资信息不对称和运营资金链等存在的问题。互联网金融模式可以利用云计算帮助解决四川省中小酒企因资金借贷成本高导致的融资难和借贷信息不对称产生的逆向选择问题，可以提升资本流通效率，增加四川省中小酒企融资机遇，以强化四川省中小企业个性化融资。但在互联网金融与四川省中小酒企融合建设过程中，要根据中小酒企自身发展特点、经营状况和互联网金融发展模式现状，选择有利于企业发展的实施路径。

7.1 互联网金融融资模式构建

7.1.1 互联网金融模式选择

中小企业在企业发展过程中最大的问题是初始资金不足，导致企业生产规模小和创新能力弱。融资渠道窄、借贷成本高、资金转移手续复杂等问题束缚着企业资金获取，从而影响企业正常运作和生产，也进一步削弱了中小企业在资本市场竞争中的生存空间。随着互联网和信息技术发展，借助互联网金融逐渐成为我国企业融资的第一选择。互联网金融的主要模式包括网络借贷、众筹融资、互联网银行和供应链金融。

7.1.1.1 网络借贷

网络借贷主要以小额贷款为主，在互联网上进行客户身份验证、交易流程和资本偿还等流程，借贷双方只需在线上平台即可实现融资目的。

网络借贷分为P2P贷款和网络小额贷款。P2P贷款又叫人人贷，是指资本所有者和资本借贷者之间通过第三方平台实现的借贷服务。在国内，P2P平台的主要经营对象是无法在银行融资的、银行业务外的中小微企业和个别家族生意，平台内融资、中短期借贷等成为P2P平台日常经营方式。P2P平台拍拍贷于2007年8月在上海成立，标志着线上借贷平台正式落地中国。从2012年开始，国内P2P行业快速增长进入爆发期，平台数量从2011年的50家迅速增长到2012年的200家，并在随后的3年迎来爆发式增长，至2015年年底增至3 433家。但是，在2018年，随着国家对网络借贷的监管政策和"降杠杆"措施逐步实行，紧信用和严监管加速了对一些不合规和失联的P2P网络借贷平台的清退，这是P2P行业一个转型和内部提升的过程。如今国家金融正处于从"去杠杆"转变为"稳增长、稳信心"，各项政策的提振经济信号非常明显，P2P贷款的初衷是帮助民营资本打破资金垄断。网络小额贷款是互联网金融企业推出的基于第三方线上平台向资本需求方提供的小额融资服务。网络小额贷款提升了资本流通效率和资本利用率、降低了企业融资成本。

阿里巴巴起初在2010年建立了浙江阿里巴巴小额贷款股份有限公司，是当时全国第一个专门面向网络平台商家提供贷款服务的小额贷款企业。随后，各互联网公司相继成立了小额贷款子公司等。但由于行业发展暴露出的问题越来越多，互联网金融风险专项整治工作领导小组办公室在2017年11月下发了《关于立即暂停批设网络小贷公司的通知》，使得市场类似的公司有所消减。该通知一定程度上使网络小额贷款错乱现象得到整治。蚂蚁小额贷款是指以借款人的信誉发放的贷款，借款人不需要提供担保。其不仅服务于阿里巴巴集团下的子公司和淘宝微商上的小微企业和个体工商户，还服务于处于初创期、贷款额度较小且资金需求短平快的企业。

网络借贷平台上的四川省中小酒企融资活动流程可以概述为：第一步，四川省中小酒企融资需求者选择信任的网络借贷平台，并在该平台上完成认证注册；第二步，中小酒企根据企业自身需求在平台上发布酒企发展资金需求项目的相关信息；第三步，中介融资平台按照中小酒企信用等级和还款能力选择多种途径对中小酒企发布的项目融资信息进行审核；第四步，平台内投资人在网贷平台上对中小酒企的项目收益、经营风险和融资数量等条件进行查看，并与项目企业进行沟通，达成合作意向；第五步，网贷平台按照协议和规定对项目资金进行按期回收。四川省中小酒企自主选择小额贷款公司对公司酒类产品生产进行融资。在互联网金融平台上完善企业信用相关信息指标，利用其融资容易、成本低和渠道广的特点加大融资力度。

7.1.1.2 众筹融资

Belleflamme 和 Lambert（2011）认为，众筹是个人或新企业通过网络以募捐或某种形式的回报、投票权作为保证，让公众出资以支持其项目。该互联网金融模式进入门槛低，具有小额大量的特点，且不局限于金融机构和政府。随着该互联网金融模式在市场上的深入，各大金融机构纷纷构建众筹平台，如股权型众筹平台、权益型众筹平台、物权型众筹平台、综合型众筹平台和公益型众筹平台。

根据《中国众筹行业发展报告2018》，从平台数量上来看，我国众筹行业经历了大起大落，从快速上升到直线下降的整体态势。2016年年底，我国运营中的平台数达到最大值532家，而2017年年底急剧降低到294家，甚至低于2015年年底的运营平台数量301家。从项目数量和融资总额上看，2011年下半年到2014年年底汇总后的项目数量和融资总额分别为4 226个和9.31亿元，2015年汇总后的项目数量和融资总额分别为15 218个和88.68亿元；2016年汇总后的项目数量和融资总额分别为48 437个和217.43亿元，2017年汇总后的项目数量和融资总额分别为69 637个和260亿元。从这两项指标来看，众筹行业整体呈良好发展态势。中国最具影响力的众筹平台——众筹网在2013年正式上线。该平台为项目发起者提供募捐、投资、孵化、运营一站式综合众筹服务，包含捐助和奖赏两种众筹模式。

当下，利用股权型众筹平台和物权型众筹平台进行众筹融资是中小微企业采用的主要方式。股权众筹融资一般是指公司面向普通投资者出让一定比例的股份，由投资者通过出资入股公司获得未来的收益。张燕华和陈肖华[1]通过实证表示股权型众筹平台注重项目的长期盈利空间，比较适合具有长期发展空间

---

[1] 张燕华，陈肖华.产品众筹与股权众筹融资模式对比分析：基于"京东产品与股权众筹"的实证研究[J].金融与经济，2018（12）：20-26.

的产品（服务），融资目标金额为股权融资的重要影响因素。据《中国众筹行业月报》统计，到 2017 年年底，全国的股权型众筹平台完成的融资总额仅有 33.61 亿元，而 2019 年上半年股权型众筹平台融资达到 2.07 亿元。近年来，私募股权融资在我国逐渐流行，有利于推动万众创业和大众创新、促进资本结构改进和技术创新。

7.1.1.3 互联网银行

李刚指出，互联网银行是指借助现代数字通信、互联网、移动通信及物联网技术通过云计算、大数据等方式在线实现为客户提供存款、贷款、支付、结算、汇转、电子票证、电子信用、账户管理、货币互换、P2P 金融、投资理财、金融信息全方位无缝、快捷、安全和高效的互联网金融服务机构[①]。互联网银行取消实体网点，业务完全在网上开展，所有操作在线完成，不仅可以降低人工等成本，而且将运营价值理念转换为以客户业务服务为中心。

2014 年开始，随着银行监管逐渐放松，互联网银行开始兴起。互联网银行的"四种经营模式"，即以微众银行为代表的"个存小贷"、以网商银行为代表的"小存小贷"、以天津金城银行为代表的"公存公贷"和以上海华瑞银行及温州商银行为代表的特定区域存贷款在这五年里得到发展。2019 年发布的《中国民营银行发展报告》称，从率先开启民营银行试点的"四种经营模式"开始，如今 17 家民营银行已逐步探索出了适合自身的发展之路。5 月，各互联网银行 2018 年年报陆续出炉（表 7.1），网商银行、新网银行、北京中关村银行和苏宁银行均交出了较为亮眼的成绩单，且在服务小微企业方面都取得显著成效。这 4 家银行中有 3 家年增长率超过 200%。

表 7.1 四家互联网银行 2018 年核心指标

银行名称	营业产出/亿元	年增长率/%	利息净收入/万元	净利润/万元	净息差/%
网商银行	62.84	46.96	46.23	6.71	—
新网银行	13.35	271.90	11.05	4.30	—
北京中关村银行	4.33	227.96	2.72	0.899	3.96
苏宁银行	4.5	223.19	0.044	0.036	—

数据来源：各银行年报。

---

① 李刚."互联网金融"发展现状及安全问题浅谈[J].中国信息安全，2014（11）：62-71.

网商银行是由蚂蚁金服等金融企业合并发起建立的互联网商业银行，于2015年6月26日正式开业。网上银行面对企业推出贷款和理财业务，主要服务小微企业。其中，网商银行推出的企业贷款产品包括网商贷和旺商贷，专门向小微企业或农村小企业主提供信用贷款。网商银行根据用户或企业的信息计算信用，并分配可贷额度。网商银行基于创新的微贷技术，开创实现3分钟申贷，1秒钟放款，全程零人工介入的"310"模式，使小微客户通过电脑和手机端就能随时随地获得金融服务。网商银行2016年成立一周年时，服务小微企业的数量只有170万家，2018年达到了1700万家，3年时间翻了10倍，这说明网商银行独创的"310"模式开始显现规模效应。目前，已经有50家金融机构采用"310"模式在给客户贷款。四川省中小酒企可以将企业自身信息交付给诸如网商银行等互联网银行，利用其放贷快、资金融合效率高的特点，快速进行申贷流程，完成该融资金融服务进而得到资金进行生产管理。

7.1.1.4 供应链金融

姚良指出，供应链金融是指以供应链交易为基础，通过向链条注入信用和资金来达到为上下游企业提供信贷支持的一种新型融资方式[①]。姜浩和郭颀通过分析供应链的概念和特点与整个产业链里的公司资金特点，总结出供应链金融是一种集物流管理、商业运作、资金管理、金融服务为一体的行为和过程，将供应链中的信息流企业、资金流企业和物流企业紧密地联系在了一起[②]。正是根据钢铁、石油和汽车等制造行业具有行业空间大、上下游市场分散、生产产品标准化等优势，传统供应链金融在这些行业运用较多。而随着信息技术、区块链等新型技术和金融科技的应用，供应链金融涉及业务主体多和操作环节多的难点得到解决，同时也开始更多渗透到包括计算机通信、农业、轻工业等在内的领域，涌现出更多的供应链金融商业模式可供四川省中小酒企选择。

（1）银行主导的供应链金融。

在银行主导的供应链金融模式中，由于银行在供应链金融领域有天然优势，如资金成本低等，所以商业银行在该模式中是主体。产业供应链的参与方与银行之间是一种资金的借贷关系，银行主导的供应链金融模式则是从银行与借款人之间点对点的关系变成了和供应链参与方之间的点对线的关系。

银行主导的这种模式下链条企业资本价格低，风险控制与管理能力强。银行能够帮助供应链企业做好中间环节服务，如资信调查、汇兑等。平安银行依

---

① 姚良. 供应链金融主要模式及其对商业银行的影响[J]. 银行家，2015（11）：64-66.

② 姜浩, 郭颀. 新型供应链金融模式在小微企业融资中的应用研究[J]. 西南金融，2019（4）：46-52.

托人工智能、区块链、云计算技术，搭建供应链应收账款服务平台，赋能升级供应链金融服务模式，为核心企业产业链上游供应商提供线上应收资产交易、流转服务。具体操作流程为：第一步，四川省中小酒企、供应商和资金方等参与方注册开通供应链应收账款服务平台（该平台为银行）；第二步，中小酒企基于与供应商的基础贸易合同所形成的应付账款向后者签发供应链应收账款服务平台账单；第三步，供应商收到中小酒企签发申请转让的供应链应收账款服务平台账单后，核对账单并签收或退回；第四步，供应商可将其持有且未到期的应收账款转让给上游供应商并记载于供应链应收账款服务平台账单，抵销自身对上游的债务，也可以选择将收到的中小酒企的应收账款转让给银行等机构受让方，获取融资；第五步，供应链应收账款服务平台所载应收账款到期日前，中小酒企应确保备付金账户有足额兑付资金，完成应收账款到期兑付。

（2）电商平台主导的供应链金融。

电商平台主导的供应链金融模式是指处于一条供应链中的企业依靠该电商平台所进行具有供应链特征的服务模式。该模式所需要素主要包括电商平台、供应链小微企业、金融机构、供应链核心企业及第三方物流等。电商平台主要提供收集基础交易数据与其他相关数据和汇集资金服务。该模式具体包括信用贷款、应收账款和电子订单三种融资模式，每种模式融资的凭证和步骤都不一样，中小酒企可以根据自身企业的特点进行选择。

阿里巴巴作为中国乃至全球最大的电商平台，充分发挥平台的信息优势，为供应链上的小微企业融资创造平台条件，其旗下的阿里小贷也成为供应链金融行业的佼佼者。早在2004年，阿里巴巴就推出了"诚信通"指数，开始对会员商户的数据进行量化评估并建立信用评核模型；2007年，阿里巴巴先后与建行、工行合作推出"e贷通"及"易融通"贷款产品，利用平台积累的会员商户的交易数据获取其信用评估情况，并把有融资需求且符合要求的商户推荐给合作银行，帮助银行控制风险。2008年，阿里巴巴推出网商融资平台，汇集了来自400多家国内外知名风险投资机构的2 000多名风险投资人，为小微企业融资创造机会。2010—2011年，阿里巴巴又先后成立了浙江阿里小贷公司和重庆阿里小贷公司，利用自有资金为淘宝、阿里巴巴平台上的商户和小微企业提供贷款。阿里巴巴通过在供应链金融服务领域的创新强化了与商户及企业之间的黏性，促成了平台自身、银行和企业三方共赢的局面，从而推动阿里巴巴的爆发式成长。

（3）物流企业主导的供应链金融。

物流是线下闭环最重要的一环，物流企业对于整个供应链的平稳运作至关重要。物流企业主导的供应链金融模式是物流企业在精确控制抵押物的基础上为上下游企业提供融资服务，同时获得物流服务收入与金融服务收益。物流公司通过下设的商业保理公司、融资租赁公司、小额贷款融资、投融资平台等上下游企业提供供应链金融相关服务。物流供应企业作为整个供应链金融的主要掌控者，掌握最真实、最基础的信息资源，对整个产业链有完整的控货能力。

2015年年初，顺丰集团组建了金融服务事业部。顺丰金融的使命是协助完成物流、信息流和资金流"三流合一"，为消费者、机构客户提供更好的金融服务体验。顺丰金融在客户信用评级的基础上，将顺丰仓储中的商品作为抵押，从而获得质押贷款，解决客户商品采购等临时性资金需求，让客户在使用顺丰分仓备货的同时还可以灵活地调整信贷额度，以解决资金短缺之急，并能灵活地随借随还，最大限度地降低客户资金使用成本。根据企业的资质和抵押的货品情况，顺丰给予的贷款额度为100万~3 000万元。顺丰仓储质押业务可以实现动态质押，仓储数据实时在线更新功能，从而使得仓储质押业务方面实现动态变动授信额度的功能。

7.1.2　四川省中小酒企互联网金融融资模式行为的建议

中小企业是互联网金融兴起的最大受益者。中小企业与国有企业和大型企业相比面临更大的融资约束，贷款难、贷款贵的问题依然突出。其主要原因是中小企业财务状况混乱，无法提供相关财务报告，因此传统的金融结构无法判断中小企业的经营状况、财务状况，不会冒险去为这些中小企业提供贷款。经营状况良好的中小企业因为金融结构的逆向选择不会获得足够的贷款，因而中小企业的发展受到了限制。伴随互联网金融的发展，信息不对称问题得到了部分解决。中小企业的融资约束得到了部分解决，中小企业的发展限制得到了缓解。同时，互联网金融服务的主要对象是中小企业。因此，中小企业的贷款难、贷款贵问题因互联网金融的出现而得到一定程度的解决。四川中小酒企作为四川中小企业的重要组成部分，在利用互联网金融融资过程中需要加强互联网金融业务知识学习和企业信用建设，选择适合的互联网金融模式。

（1）加强企业信用建设。

中小企业诚信度会对企业信用体系评判和贷款发放产生影响，进而会影响投资者对企业项目的选择意向。企业信用是企业经营理念、企业文化的重要组成部分，要将信用贯穿企业的整个生产、经营过程。四川省中小酒企应该从自身做起，加强企业诚信体系建设，为互联网金融融资创造良好的融资环境。

第一，四川省中小酒企在企业内部建立诚信经营准则并严格执行；第二，加强四川省中小酒企内部信息管理建设,加大失信惩罚力度,优化企业内部诚信环境;第三,建设信用服务专业化企业,开展信用服务培训,提升员工的诚信素养;第四,四川省中小酒企应在企业内部建立资金信誉管理制度,严格遵守对金融企业的协议,提升企业在资本市场的形象;第五,积极和客户沟通,按照客户的要求和建议及时处理企业内部的各种问题。

(2)增强互联网金融意识。

四川省中小酒企如果想通过互联网金融平台进行融资,应该加强对互联网网络安全的学习,对平台上的金融产品进行研究,充分熟悉互联网融资流程。第一,引进互联网金融高级人才,成立互联网金融融资工作小组;第二,增强企业员工网络安全防范意识;第三,加强互联网金融风险防范体系建设。

(3)充分利用互联网金融模式。

四川省中小酒企应该根据企业自身发展状况、资金偿还能力和企业运营模式来选择合适的互联网金融模式进行融资。在互联网金融融资模式下,互联网金融公司自身的实力尤为重要,因此互联网贷款平台在选择合作的互联网金融时十分慎重,重点考虑其业务范围、运营现状、风险控制水平及抗风险能力等方面。程静和胡金林指出:一般普通中小企业适合采用P2P网络借贷模式进行融资,科技型企业和创新型企业适合采用众筹借贷模式进行融资,以电商销售为主渠道的中小企业适合采用电子商务平台小额贷款融资模式融资,而小微企业融资一般采用互联网银行进行融资[①]。同时,中小酒企也应该尝试重建原酒产品供应链,与商业银行、电商平台和物流企业等供应链机构合作,把企业物流管理、商业运作、资金管理、金融服务融为一体统一交付给他们进行管理,达到商流、物流和信息流统一,从而在资金流上取得突破。

7.2 产业集群化发展

过去,四川中小酒企粗放式的发展使得中小酒企鱼龙混杂,恶性竞争,忽视产品品质。面对经济新常态和新的市场环境,过去粗放式的中小酒企很难从中获得生存空间、实现产业升级。因此,促进中小酒企的集群化发展便成为四川实现经济转型、产业升级和创新的重要组成部分。

---

① 程静,胡金林.互联网金融化解中小企业融资难路径探析[J].商业经济研究,2019(1):172-175.

7.2.1 集群化发展分析

迈克尔·波特在1990年指出,产业集群是指在特定区域中,具有竞争与合作关系且在地理上集中,由交互关联性的企业、专业化供应商、服务供应商、金融机构、相关产业的厂商及其他相关机构等组成的群体。不同产业集群的纵深程度和复杂性相异,产业集群代表着介于市场和等级制之间的一种新的空间经济组织形式。

迈克尔·波特的"钻石模型"中的政府角色、生产要素、需求条件、企业战略结构与竞争、机会6个要素共同影响产业竞争优势。这6个要素相互作用,构成了一个影响产业集群竞争力的复杂系统。我们以"钻石模型"作为理论分析工具,分析四川省中小酒企产业集群化的要素,为四川省白酒产业集群化发展战略分析奠定基础。

7.2.1.1 政府角色

近期,四川省政府对白酒行业的发展出台多项政策。2018年6月,四川省发布《中共四川省委关于深入学习贯彻对四川工作系列重要指示精神的决定》和《中共四川省委关于全面推动高质量发展的决定》,表示将优先发展名优白酒千亿元级产业、推动川酒振兴、打造世界级白酒产业集群。这两个决定是对中共四川省委十一届三次全会对于四川白酒产业集团化发展的深化。随着四川酒企集团化发展成为四川决策层的统一认知,实现四川酒企集群化发展成为实现四川酒企发展的关键。此外,2019年5月30日,四川省人民政府办公厅印发了《四川省2019年推进供给侧结构性改革工作方案》,说明产业升级是中央层面和四川层面相继强调并推出供给侧结构性改革的具体实施措施。四川中小酒企作为过去四川劳动密集型产业、经济粗放式发展的产物,必然是四川供给侧结构性改革的对象之一。四川中小酒企作为四川实体经济的组成部分,面对经济新常态,必须在加快去除落后产能和过剩产能方面有所作为。

7.2.1.2 相关产业与支持产业

迈克尔·波特认为,若供给者与最终消费者相互靠近的话,决策传达就能更容易更快,企业应该与相关产业以及支援产业等结成紧密的关系来进行生产[①]。四川省中小酒企的发展可以推动旅游业和文化产业(酒乡文化和酒类文化)的发展。

川酒的发祥地大都分布在四川盆地东部,发展趋势呈"U"字形分布,构

---

① 迈克尔·波特. 国家竞争优势 [M]. 李明轩, 邱如美, 译. 北京: 中信出版社, 2007.

成一条逶迤千里的川府酒乡旅游资源带。因而，四川酒乡旅游资源是比较丰富的。

7.2.1.3 生产要素

生产要素是指产业发展过程中所需要的资源投入。川酒产业涉及川酒各种酒类的生产资料和各种酒类的加工技术等产业。从禀赋条件上看，四川省常年农作物种植面积为 14 500 万~15 000 万亩，表明粮谷产业可以支撑白酒产业的发展。从中国白酒生产四大板块来看，川黔板块中的宜宾、泸州、遵义，面积为 5.6 万平方千米，有一批世界知名白酒品牌和世界级酿酒大师，白酒产量占全国的 1/5，具备打造"中国白酒金三角"和白酒核心区的条件，也有先进的白酒酿造技术和白酒生产器械。白酒相关产业的雄厚实力助推着四川白酒产业集群化的发展。

7.2.1.4 需求条件

市场需求是白酒产业集群化发展的基础和动力。据国家统计局发布的 2017 年全国酒类行业生产经营数据，我国规模以上白酒企业实现酿酒总产量 1 198 060 万升，同比增长 6.86%；销售收入达 5 654.42 亿元，同比增长 14.42%；利润总额为 1 028.48 亿元，同比增长 35.79%。从全国范围看，全国酒类产业依然处在一个高速增长时期，具有很大的潜力。而川内的四大酒企 2017 年营业收入也有大幅增长，其中四川省宜宾市的五粮液 2017 年实现年收入 301.867 8 亿元，年增长率达到 22.99%；泸州老窖 2017 年实现年收入 103.948 7 亿元，年增长率达到 20.5%；四川省成都市的水井坊 2017 年实现年收入 20.483 8 亿元，年增长率达到 74.13%；四川省射洪县的舍得酒业 2017 年实现年收入 16.384 4 亿元，年增长率达到 12.1%。从各大型白酒企业营业额和酿酒产量上看，全国和四川省内有充足的白酒产品市场需求，为白酒产业发展提供了良好的条件。

7.2.1.5 企业战略结构与竞争

企业战略结构与竞争是指产业集群内企业的数量、管理模式、企业的产权结构及企业之间组织产品生产的方式等。进入 2000 年后，四川原酒企业经历了一段鼎盛时期，出现了以高洲为代表的一批原酒企业，并形成川西原酒与川南原酒两个集群。原酒企业一度多达数千家。然而，2013 年后，原酒企业生存环境开始走向低迷，甚至连高洲这种巨无霸型企业也陷入财务危机，一度濒临破产，不得不多方融资，艰难转型。当前，集群内面临企业无序竞争、产业融合不足、文化结构失调等问题，集群发展已出现疲软态势，原酒企业数量也逐渐减少。

7.2.1.6 机会

波特认为一些偶然性事件或机会有时也会对一国的产业竞争优势产生影响。当前，从外部环境来看，四川省中小酒企产业集群化发展面临良好的机遇。一是互联网金融发展，为产业集群化融资拓宽了渠道、降低了风险；二是国家政策的支持。中共四川省委十一届三次全会上提出的优先发展名优白酒千亿元级产业的指导思想是四川酒企集群化发展。

7.2.2 产业集群化发展案例

目前，全球经济体量最大、产业集群化发展程度较高并且已经形成规模效应的三大湾区分别是旧金山、东京和纽约湾区。纽约湾区有两个集群：第一个集群是以经济为引领的高端产品服务业，带动各种实体经济的发展；第二个集群是以高端人才为支撑的创意产业，包括休闲业、高端服务业、影视业等。纽约湾区产业集群化发展的第一步为政府和企业领头者及时意识到传统工业已经不足以支撑城市未来快速发展，于是谋求转型。对日益衰退的第二产业进行了多方面改造，发展小型制造业和高科技产业。能源密集型产业与劳动密集型产业被大量淘汰或者向远郊迁移。利用纽约市完备的基础设施和减免税收政策与金融政策吸引小企业到这里发展。第二步为明确分工协作和合理的功能定位，使得产业园区内的结构出现多样性和集聚性的格局，充分发挥纽约大都市的核心作用，加强与纽约湾区内费城、波士顿等大都市的经济联系。第三步为将许多大型企业发展转型为第三产业部门，发展生产性服务业。此外，纽约湾区内制造业仍保持着自1970年以来从城市向郊区转移的趋势，而附近区域受到中心城市的经济带动作用和产业冲击，以农、牧、渔业为主的小城镇发生了翻天覆地的变化。由于产业扩散的影响，中心城市慢慢发展成为以金融、房地产、交通、教育等第三产业为主导的聚集地，发挥着指挥与控制职能。而周边城镇受到中心城市经济的辐射，促使其产业向更有利的方向发展，竞争力也随之增强，逐渐发展成为城市化水平更高的地区。

改革开放以来，我国湖南省长沙县通过产业集群化实现了区域经济的专业化打造转变成全国百强县中西部第一的工业强县。改革开放之前，长沙县并不具备产业集群发展的基础。但是，长沙县从改革开放起步时期就开始关注产业集群的培育和发展，尊重产业多样性和产业转移升级阶段的特点，从乡镇发展入手，以园区和龙头企业为引领，注重创新和服务环境营造，以完善产业生态实现区域经济的持续健康发展。1997年，国家科技部批准长沙高新技术产业开发区星沙工业高科技园的建设；全县工业于2006年形成以电子信息、新型材料等一体化的高科技产业为主的集成化结构，工业经济对 GDP 和财政收入的贡献率为 70%；而 2013 年建设的中国（长沙）工程机械交易展示中心，是当时全国配套最全，集工程机械研发、展示、交易、物流为一体的规模最大化一站式全产业链集成化平台。1978 年，全县生产总值为 2.12 亿元，工业总产值为 6 870 万元，财政收入为 1 920 万元。到 2014 年，这三项数据分别为 1 100.6 亿元、2 128.2 亿元、207.2 亿元，分别增长了 519 倍、3 097 倍、1 079 倍。如今，长沙县已有工程机械、汽车及零部件两个千亿元产业集群，电子信息产业作为后起之秀，正强力崛起，为新一轮经济发展的航轮装配了马力十足的引擎驱动。

7.2.3 产业集群化发展融合互联网金融的必要性

在建设川府酒乡旅游资源带的过程中，资金不足、营销手段少以及市场定位不准确问题突出。引入互联网金融不仅仅是解决中小酒企的融资问题，还可以借助互联网金融的技术优势为中小酒企集群化发展的市场定位和营销策略提供参考；中小酒企集群化的组织架构比较传统，并不能适应新的社会环境和市场环境，引入互联网金融能够促进中小酒企集群化的组织架构的变革，使其更好地适应新的市场环境；引入互联网金融能够促进中小酒企与互联网行业的交互，进一步布局中小酒企集群化的互联网版图。

互联网金融机构通过信息技术为四川中小酒企的市场定位提供了数据支持。此外，互联网金融机构为了及时收回贷款会主动帮助中小酒企建立"四流"（物流、合同流、资金流和票流）合一的整个企业运营线。

同时，中小酒企引入互联网金融具有很强的示范效应。互联网金融其巨大的技术优势能够为实体经济中的中小企业提供比较合理的融资支持。中小酒企和其他中小企业所遇到的困难是十分相似的，包括资金不足、运营不善、营销手段少等问题。中小酒企在互联网金融的助力下解决企业的融资问题可以为其他中小企业借助互联网金融提供借鉴和方法上的指导。

7.2.4 产业集群化发展策略

当前，四川省中小酒企集群内面临企业无序竞争、产业融合不足、文化结构失调等问题，集群发展已出现疲软态势。在这一轮的互联网技术下的产业更新中，高新技术、文创元素与白酒产业的融合，为产业发展带来了新的变革的机会。所以，四川省中小酒企的产业集群化发展必须按照科学发展的实施路径和指导思想，根据四川省中小酒企白酒产业发展情况和企业运营状况，政府、企业和其他层面应该发挥相应的作用，优化产业集群化协调发展机制。具体发展策略如下：

7.2.4.1 政府治理与环境构建

政府作为整个市场的管理者，需要为中小酒企集群发展创造良好的集成环境和条件。政府在政策优惠、完善基础设施等服务和引导方面起着很大的推动作用。政府可以在资金、法律和政策上促使中小酒企围绕中小酒企竞争力核心、关联产业及供应链进行有效结合，朝着产业集群化方向发展。同时，政府应将四川省中小白酒企业、白酒文化产业宣传机构、白酒产业旅游业和金融机构结合在一起，为白酒产业的集群化发展提供必要的信息平台和设施，加强产业链的建设。此外，政府须在白酒生产、运输和销售环节拓宽渠道，招商引资并加大管理力度。政府还应定期组织集群化产业企业之间进行白酒技术交流，提高白酒酿造创新技术水平。

7.2.4.2 企业主动参与白酒集群化发展

白酒相关企业必须积极推进白酒产业集群化机制发展。首先，中小酒企应积极参与政府组织的各种关于白酒集群化发展的活动。中小酒企要充分与当地政府、白酒协会相关组织和集群化平台形成联动机制，增强集群化产业内部企业合作意识。其次，中小酒企内部应加强集群化发展人才建设和培养，借助集群化发展，实现白酒产业创新。再次，在集群化发展的产业链上，中小酒企必须树立合作与竞争的复合型理念，实现企业之间的管理经验、酿造技术和企业文化之间的无障碍沟通交流，实现企业间的合作协调发展。最后，企业应该充分利用互联网金融，结合川酒文化内涵积极弘扬自身企业文化，拓宽自身企业的融资渠道。

7.2.4.3 中介服务机构

四川省中小酒企集群化发展不仅仅依靠政府提供平台和企业自身努力，还应该构建第三方服务平台，提高白酒集群化产业与外部市场主体之间的合作效率。除了四川中国白酒金三角酒业协会和白酒相关组织等非营利机构外，集群化企业还应拓宽自身产品的营销渠道，提高产品市场化程度。最后，集群化企业应该以市场为导向，选择可以进行监督的中介机构，让其发挥应有的监督和市场预测作用。

7.2.5 中小酒企集群化发展实现模式

四川省中小酒企集群化发展离不开一定的实现模式。为加快推动四川省中小酒企集群化发展，结合四川省中小酒企实际发展情况，可采取中小酒企产业基地孵化培育模式、产业龙头酒企带动发展模式。

7.2.5.1 中小酒企产业基地孵化培育模式

中小酒企产业基地孵化培育需要通过政府部门和民营企业管理部门结合引导，选择发展区域构建经济开发区或工业园区，鼓励和引导中小企业进入园区。园区内通过中小酒企资源共享、协同创新和合作生产的形式，在互联网上构建系统平台，形成中小酒企融合集群化发展模式。

中小酒企产业基地孵化培育模式的运行机制是：鼓励、引导和支持中小酒企、白酒制造产业广泛进入经济开发区→在经济开发区建立互联网平台，发挥开发区在地理位置、公共平台、政策条件方面的优势，推动区域内的白酒集群化产业之间实现技术双向流动、人才互动交流、信息互动共享、生产设备共用、共同拓展市场，增强中小酒企之间的联系，形成同行业的竞争合作关系→通过推动经济提升的乘数效应，形成专业化分工的中小酒企集群网络。

7.2.5.2 产业龙头酒企带动发展模式

产业龙头酒企带动发展模式是指围绕大型白酒企业，在一定区域内发展中小白酒企业，带动他们共同发展创新，衍生出白酒制造技术创新中心、白酒生产要素供应链渠道和白酒相关产品。

产业龙头酒企带动发展模式的内在机理是：中小酒企通过人员、设备、技术和产品嵌套等方式，将部分白酒产业嵌入产业龙头酒企→通过融合发展进而形成白酒产业组织链，使白酒集群化产业形成相互渗透、特点明确、协同发展的集群化运营区域，吸引更多中小酒企向龙头企业集聚，从而建立健全基于公共协作的产品链和基于共同利益纽带的价值链→产业集聚产生专业化分工效应，进一步促进集聚区内产业集聚、人口集聚、功能集聚，使集聚区企业获得外部规模经济、竞争与合作效益、创新网络和技术学习等优势。

7.3 产业互联网金融平台

宋华和卢强通过研究基于供应链网络的供应链金融，得出通过虚拟供应链搭建的产业互联网平台能够实现虚拟产业集群中所有企业间的业务闭环，优化交易流程模式，并且基于云计算、大数据等技术，在强化供应链网络关系的同时，虚拟供应链网络有效降低了产业互联网平台中资金提供方与中小企业之间的信息不对称①。殷小丽则从生产和消费的角度来分析互联网金融促使产业结构转型升级的原理，得出互联网金融利用云计算、大数据等技术有效地降低了融资成本，打破了供需双方的信息壁垒，从而推动小微企业和高新技术企业的转型升级，提升了消费者的需求层次并推动了产业结构的转型升级②。谢文武基于当前互联网金融支持畜牧业融资模式的创新发展，归纳了畜牧业互联网金融平台的3种普遍模式并分析这些模式对畜牧业产业链整合的效应③。产业互联网金融平台的建设需按照解决信息不对称和提高融资效率的原则，实现参与各方的共赢，避免重复投资与资源浪费，帮助中小微企业获得低成本、可持续的金融服务，帮助金融机构精准识别客户、控制信贷风险，帮助核心企业优化供应链、实现产业升级和进行有序竞争良性发展。

7.3.1 平台发展模式比较

7.3.1.1 产业龙头企业链式整合模式

芮晓武和刘烈宏在《中国互联网金融发展报告》中指出，产业互联网的核心是大数据、产业生态和专业服务，以价值经济为主要盈利模式，这也是四川省中小酒企建设产业整合互联网平台的方向④。产业龙头企业创建链式整合模式的平台（图7.1），通过龙头企业为中小酒企做担保，有利于降低中小酒企的融资风险和融资成本，实现整个产业链一体化经营，减少区域内中小型酒企的无序竞争，拓展中小型白酒企业的发展空间和业务领域。龙头企业依据"中小酒企+金融科技公司"的模式，运用互联网技术，采取"线上数据挖掘整合+线下产业服务"的服务方式，将中小酒企构建成链式服务平台。该链式服务平台是通过龙头企业整合产业链中的供需链、产品链和效益链等链式结构，经过开放式合作广泛吸纳中小酒企和投资商。龙头企业通过数据整合和平台维护，通过金融机构与中小酒企对接合作，将中小酒企融入链式结构中，进而壮大产业组织链。龙头企业将川酒产业链场景建设和信息中心建设作为平台主要运营体系，由众多中小酒企覆盖产业链各环节，提供一体化的解决方案。

---

① 宋华，卢强. 基于虚拟产业集群的供应链金融模式创新：创捷公司案例分析 [J]. 中国工业经济，2017（5）：172-192.

② 殷小丽. 互联网金融对产业结构升级的影响探析 [J]. 现代经济探讨，2018（12）：110-114.

③ 谢文武. 基于互联网金融平台的畜牧业产业链整合模式分析 [J]. 中国畜牧杂志，2015（24）：19-22.

④ 芮晓武，刘烈宏. 中国互联网金融发展报告 [M]. 北京：社会科学文献出版社，2013：3-4.

这一平台主要是通过信息共享来实现产品和服务标准化，实现龙头企业与中小酒企的产品和信息合作共享，提高产业链的运营效率。

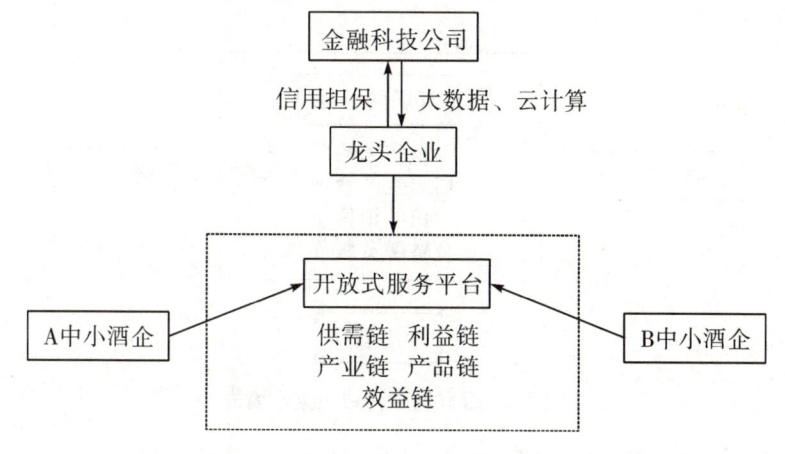

图 7.1 产业龙头企业链式整合模式

基于线上化、移动化、场景化、平台化思路，龙头企业链式互联网金融平台场景搭建策略为：龙头企业通过大数据和云计算等技术实现平台流量入口整合、龙头企业实现多元可变现场景、线上线下融合、场景端之间价值覆盖和全方位提升客户体验。消费者只需通过访问单一的平台就可以获取整个产业链中的产品服务，川酒产品不再以单一的产品形式出现，而是以帮助整个平台上的企业在特定场景下达成目标的综合服务解决方案形式中出现。同时，将产品增值服务分散地嵌入链式企业生产经营的各个环节，并通过龙头企业基于客户数据分析精准定制个性化产品服务方案，形成闭环引流，最终实现产业链中产品服务的流量化、数据化。

7.3.1.2 互联网平台线上整合模式

传统企业熟悉线下渠道的管理，在电子商务发展的大背景下，开拓互联网平台线上渠道已成为必然。互联网平台线上整合模式（图7.2）是指以互联网平台为核心，推出了线上企业信用平台、金融融资平台和生产销售管理平台，各企业在平台上实现线上、线下混合渠道管理。该模式在很大程度上提高了产业集群的管理运营效率，降低了成本，实现了信息统一。该平台建设既可以让政府通过颁布一定的优惠政策在集群化产业园区吸引相关企业入驻平台，并由政府统一管理，也可以选取某行业中的龙头企业，利用其在行业内部的资源和影响力等优势，全力打造依托于互联网平台的"产业+金融"模式。四川省酒企发展集群可以打造集线上中小企业信用数据库、金融融资、生产销售和其他产业融合平台为一体的平台线上整合模式。将酒生产企业、终端客户和其他机构作为平台的个体，实施平台统一经营管理，促进酒企与其他产业平台融合发展。

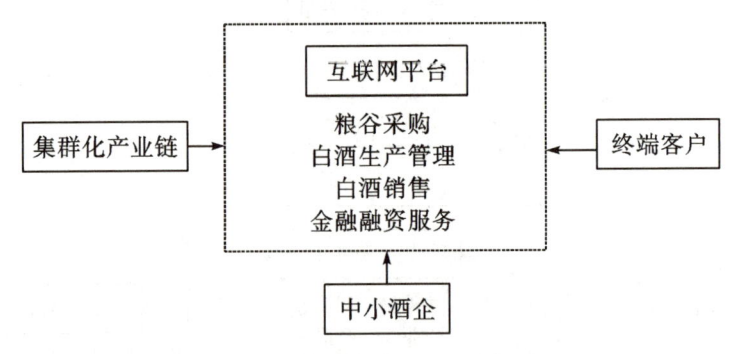

图 7.2　互联网平台线上整合模式

7.3.1.3　OMO 商业模式

在创新驱动和产业转型升级的大势下，OMO 商业模式引领平台将逐渐朝着建设成为人才、资本和技术聚集型的生产创新性服务业线上供应链生态集群化方向迈进。在 2016 年的政府工作报告中，明确提出以推动互联网由消费领域向生产领域拓展，加速提高产业发展水平，增强各行业创新能力，构筑经济社会发展新优势和新动能的重要举措。

深圳中亚硅谷海岸复合型园区项目是由中亚集团与壆岗股份联手打造的一个超过 120 万平方米的复合型功能展贸中心，超过 50 亿元人民币投资额，以全球电子旅游商务区为定位，首期项目已形成了 60 万平方米的产业集群规模。项目的核心是以打造国际级交易中心为先导，通过吸引全世界各地龙头企业、产业链和产业集群，以"实体经济+互联网营销+OMO 体验"的运营理念，实现全方位资源共享；创造新的发展生态，最终形成集开发、服务、贸易、高端会展为一体的前沿产业互联网金融模式。深圳中亚硅谷海岸复合型园区是一个集开发商兼运营商为一体的服务新体，开创了电子商务新模式 B2B+M，并创建了中亚硅谷网。中亚硅谷网将打造一体化的产业互联网金融综合运营平台、一站式投融资交易服务中心，为入驻企业提供信息咨询、网络营销在线支付等平台服务，包括物流运输途中等方面的"一站式"服务；该平台根据企业需求，整合商品运营环节，实现整个供应链系统和系统外网点物理连接的对接，目的是为了实现商家利益最大化。中亚硅谷海岸将打造成一个以现代服务业服务外包产业为基础，以 OMO 互联网金融、移动互联网等新一代信息技术为纽带，以现代生产性服务业为核心，以资本投融资为杠杆，建设集自然创新智能为一体的服务新城。

7.3.2 四川省中小酒企产业互联网金融平台设计

李关政和傅勇通过研究工业4.0提出产业互联网金融的核心理念是"互联网+产业链+金融",一方面对传统产业链进行网络化改造,提高整个产业链的生产运作效率;另一方面将金融内嵌到互联网平台中,金融与产业链的关系更加紧密,通过降低交易成本与信息不对称来实现三方共赢①。产业互联网金融平台是利用大数据、云计算和人工智能等互联网技术,将产业制造链企业、金融机构、客户组织和各非营利组织整合到互联网平台上,从而以平台为核心,汇集企业融资、商业贸易和生产组织的数据与流量,实现生产制造业与互联网金融模式的完美结合。

《国务院关于深化"互联网+先进制造业"发展工业互联网的指导意见》提出,"到2025年,形成3~5个具有国际竞争力的工业互联网平台"。工商银行与中国建筑股份有限公司在2015年签署电子商务与在线供应链金融合作协议,合作双方将发挥在各自领域的优势共同打造千亿元级建筑业电商平台,在业界首创"互联网+建筑+金融"的新商业模式。而平安银行已在钢铁、汽车领域采取"供应链金融+物联网技术"模式,着力打造出"物联网+供应链"大宗商品金融范式。

7.3.2.1 建设原则

以中小酒企建设为主的平台所有者(也可看作平台维护者)应以实现各主体信息在平台内部互联、共享和联动为平台建立原则,坚持各主体平等获取数据信息,建立一支主体责任明确、分工细致、管理科学统一的数据管理团队,一套科学有效的数据管理与更新的机制,以及一个数据库管理平台。同时,平台所有者需要建立相互审核认证的更新机制、各主体进入退出核实机制和平台故障维护等机制,实现平台主体数据标准化、精确化和共享化。产业链各主体和中小酒企应该坚持通过网络平台工具开展"闭环"业务,应对平台内各企业和机构信息进行保密。同时,酒企产业链各主体应积极响应平台内部一体化的解决方案,实现产品标准化和共享化。

7.3.2.2 建设瓶颈

现阶段,我国经济处于高速增长阶段,但是随着经济发展,工业中产能过

---

① 李关政,傅勇. 工业4.0,银行转型与产业互联网金融平台[J]. 上海金融,2016(4):3-7.

剩的问题也日渐突出。由于我国产业设备数字化水平还较低，通信协议不一致导致产业数据采集困难；受限于产业链金融数据和企业征信较难、金融大数据自身的特点，金融大数据建模分析需要第三方企业兼具企业产业链基因和大数据基因，导致现有产业互联网金融平台对于企业和产业链的数据收集整合和分析能力不足；同时，我国在产业互联网金融平台建设上还欠缺经验，平台建设实际应用较少。

7.3.2.3 建设过程

（1）产业互联网金融平台模式选择。

根据四川省中小酒企发展的现状，政府作为中小酒企集群化建设发起方，应采用符合中小酒企实际的发展战略。若四川省内龙头酒企（如宜宾五粮液集团、泸州老窖、水井坊）愿意承担振兴中小酒企的社会责任，则可以采取产业龙头企业链式平台整合模式。川酒产业互联网金融平台可以龙头企业为核心，利用政府对酒行业的扶持政策，采取大数据、云计算等互联网技术整合川酒产业链中的供需链、利益链、产业链、产品链和效益链，经过开放式合作广泛吸纳中小酒企和投资商；政府也可以利用自身社会管理员的身份外包金融科技和互联网公司建立川酒互联网金融平台，采取互联网平台线上整合模式，对川酒产品进行线上整合，为他们拓宽销售渠道，推动供给方面的结构性改革，促进川酒产业升级，进一步降低产品生产成本、加快去除落后产能和过剩产能；政府也可以通过招商引资，依照深圳中亚硅谷海岸复合型园区项目，通过金融科技公司与大型投资商建立合作关系，利用 OMO 商业模式引领建设产业互联网商业平台，对中小酒企进行资源整合，打造三位一体全时空的营销体验系统。

（2）制定产业互联网金融平台标准。

核心企业应根据广泛采集平台产业链上下游企业、金融科技公司信息需求量，制定产业互联网金融平台参考架构、企业接口框架、评价指标等共性标准。核心企业应推进平台大数据处理、银行和保险公司金融产品推广、金融功能维护、平台微服务咨询框架、平台供应商和客户端数据信息管理、平台安全监管等重要技术的标准化建设，面向川酒行业产品研究形成平台应用标准。同时，核心企业还应充分发挥集群化产业园区、科研机构等非营利组织的推动作用。

（3）搭建产业互联网金融平台。

制定产业互联网金融平台评价机制，在川西原酒集群和川南原酒集群发展产业互联网金融平台的基础上，逐步进行跟踪评价和动态调整，减少企业间信息不对称。同时，组织开展产业互联网金融平台试点示范，支持白酒产业平台客户端拓展国际市场。鼓励川南和川西建设互联网金融平台省级白酒产业创新中心，推动平台在"块状经济"产业集聚区落地。

政府应该鼓励川酒大型企业构建生产、销售两大平台体系，提供从原料采购到终端销售的全产业链服务。具体而言，生产平台可提供原料采购、质量监控、生产管理、融资担保等服务；销售平台可打造垂直电商、名酒荟、酒庄和传统营销四种模式。中小酒企加入川酒集团，可带来提升企业档次、提高企业知名度、提供要素保障和降低企业成本四个方面的益处。

（4）推广产业互联网金融平台。

鼓励龙头企业和金融科技公司面向白酒行业开放共享业务系统，带动产业链上下游企业开展协同设计和协同供应链管理。四川省各级政府应发挥产业互联网金融平台融资容易的作用，降低中小企业平台应用的门槛。政府、平台运营者和平台内金融机构组织应制定产业互联网金融融资和应用指南，明确平台应用的咨询、实施、评估、培训等全流程方法体系。

（5）加强产业互联网金融平台管理。

产业互联网金融平台应制定并发布产业互联网金融平台数据迁移行业准则，实现平台间不同场景的产业和金融数据的自由传输迁移。同时，在金融科技公司内部搭建数据监测分析平台，实时、动态监测产业互联网金融平台发展情况。

7.4 互联网金融风险管理

7.4.1 四川省中小酒企融资风险的成因

中小企业融资难这个问题，其实不是中国独有的，而是世界性的难题。目前，银行业的高度垄断减少了中小金融机构获得的金融资源，限制了他们对中小企业的服务能力。与大企业相比，中小企业在获得银行和其他金融机构的贷款方面处于绝对劣势的地位。以下融资风险造成了现在中小企业融资途径单一、结构失调和融资成本较高等困难。

7.4.1.1 中小企业内部经营缺陷造成融资风险

（1）企业经营环境缺陷。

经营环境对中小企业有着巨大的影响。由于经营环境变数较大，这使中小企业有着较高的风险。中小企业除对国家产业政策和金融政策有着较强的敏感外，国家经济制度安排，宏、微观经济环境的变化，都将增大中小企业的经营风险，最终影响中小企业的经营和发展。经营风险的增大使中小企业的经营稳定性遭到破坏，使得融资更加困难。张晖在分析中国民营企业时提到企业完工风险是企业在海外某项目生产运营阶段中存在的无法完工、延期完工或完工后无法达到预期效果等风险①。在贸易公司中，由于企业自身经营不善导致违约支付货款的现象非常普遍。此类风险一旦产生，将严重影响银行贷款的安全性。同时，企业所在的供应链上下游企业由于各种原因导致上游企业供货质量不稳定、下游企业产品购买力削弱，这种风险被称为企业供应链风险。

（2）中小企业管理运营和技术生产能力薄弱。

在我国，中小企业5年淘汰率为近70%，约有30%的小企业处于亏损状态，能够发展10年以上的中小企业仅占1%。

同时，中小企业产品层次低、生产能力弱和生产规模小使中小企业融资风险加大。中小企业产品层次缺乏多样性、生产创新能力弱致使产品更新换代速度慢，抵抗风险能力不足，相关产品市场变化或原材料价格的浮动会增大中小企业的运营管理风险，进而使金融机构对中小企业失去信心，资金供应链断裂，企业经营开始停滞。同时，中小企业欠缺信息透明度，企业在内部管理标准不一，对外部运营项目也只是应付，这使中小企业的发展大打折扣。

7.4.1.2　外部环境造成融资风险

（1）中小企业融资法律制度缺失的风险。

在我国，首先政府机构对中小企业的管理模式混乱；其次机构设置不科学、业务复杂，不能对中小企业进行规范和标准化管理。现阶段，中小企业规范运作的法律制度还不够完善，存在很多漏洞。

中小企业在合同拟定时由于各种原因导致中小企业受到偏见也会产生法律风险。因为中小企业实力弱、管理制度不科学，不易达到所谓的平等状态。中小企业为了促成交易，往往会同意投资方的附加条件，让自己在交易中承担更多的责任。

银行信贷机制不完备，担保制度存在漏洞也会产生法律风险。我国担保制度发展比较晚，不能够覆盖所有担保问题。在资本市场上，需要融资的中小企业本身经济实力弱，无法通过房产、汽车等物权进行担保，只能通过自身信用作为担保依据获取融资。但在企业发展过程中，如果其经营者管理不善信用就

---

① 张晖. 中国民营企业"走出去"面临的融资风险及其控制[J]. 对外经贸实务，2017(7)：81-84.

会受到损失，从而增大担保双方在融资过程中的风险。

（2）宏观经济政策不断变化造成的风险。

国家的经济金融政策是根据社会发展而调整的，如果中小企业不能根据国家经济金融政策的变化做出敏锐的反应和及时调整，将会给中小企业的融资带来一定的风险，进而影响到中小企业的发展。例如，国家产业政策限制的行业，其直接融资和间接融资的风险都较大，如果企业经营得不到正常的资金供给，企业就难以为继。又如，在货币政策紧缩时期，市场上的资金供应减少，受此影响，中小企业通过市场来筹集资金的风险增大。要么融不到资金，要么融资成本提高，要么融资数量减少，这又进一步增大了中小企业的经营风险。

7.4.2 四川省中小酒企融资风险的表现形式

7.4.2.1 资本结构风险

四川省中小酒企在发展过程中，具有企业运营管理较灵活、市场响应能力强的特点。但同样是受限于企业规模的问题，中小企业管理层在资金运营和企业管理能力方面有所欠缺，这就会影响企业的资本流通，从而影响到金融科技公司、银行等金融机构对中小酒企的评价。同时，由于中小酒企自身的资本结构相对不够稳定，企业资金运转能力较弱，进而影响企业资金还贷的及时性和企业的信用。

7.4.2.2 资金投入风险

四川省中小酒企融资资本的用途主要是用来购买生产资料、机器设备、支付劳动力价格和经济贸易中运营管理所需经费。由此可见，中小酒企的融资具有需求量不大、贷款频次较高及资金运转周期较短的特点。这些经营活动产生的收益率比较低，资本运转速度较慢，不能达到资金供给方的期望，所以就可能会导致中小酒企在资金获取上存在困难。

7.4.2.3 资本借贷风险

在融资过程中，金融机构对中小企业资金放贷的使用情况有部分要求，若中小企业不能按金融机构要求的贷款用途进行生产，可能会造成金融机构不按合同要求进行融资，进而会对中小企业的管理产生影响，导致企业收不回成本甚至需要支付违约金；并且借入资金后，企业要按照固定的方式进行还款并支付相应的资本利得，若企业未及时返还资金供给方的利息和本金，则会对中小企业的良好形象造成影响，还可能导致部分中小酒企倒闭。

7.4.3　四川省中小酒企融资风险的防范措施

7.4.3.1　系统性风险防范

(1) 相关组织的政策扶持。

近年来，针对系统性风险，国家在宏观层面上推出供给侧结构性改革，制定了调整优化金融结构、稳健性货币、加强金融产品监管、稳杠杆等政策。国家还出台了针对中小企业发展的一系列扶持政策。由此可见，国家对我国中小企业的重视程度在逐年递增，国家出台的对中小企业实施的政策支持和法律条款等政策缓解了中小企业资本流转困难的现象。这一系列扶持政策的出台与实施，对于中小企业的帮扶发展取得了一定的成效。随着大众创新和万众创业的号角吹响，中小企业的数量也是逐步攀升，政府应加大对中小企业的资金扶持力度，帮助中小企业规范日常经营和有效管理，帮助中小企业提升生产技术和管理能力、调动整合企业的资源。

现阶段，银行、保险公司等金融机构为了降低资金流通风险，会减少对中小企业的融资贷款，这就加剧了中小企业获取资金的困难。因此，政府在加大对中小企业监督管理力度和放贷条件限制的同时，还应当针对中小企业的特点建立中小企业的信用数据库，完善中小企业的信用评级体系，帮助四川省中小企业渡过低潮期，以促进中小企业的发展壮大。

(2) 金融机构应完善风险防范机制

金融机构应该积极推进建设个人和企业的信用体系以及企业的评级征信机构，加强贷前调查。金融机构还应及时研究采取降低融资风险程度的对策，不断提高识别融资风险能力和防范风险的管理能力。例如，阿里巴巴建立的"水文模型"，小微企业信用评分，需要列出信用指标，分别给予权重，逐项计算信用得分。信用指标包括偿债能力、盈利能力、营运能力、信用记录、企业素质和市场分析。在这些因素中，企业及高管征信记录所占分数比重最大，流动比率、速动比率和现金比率反映短期偿债能力，资产负债率、利息保障倍数和权益乘数体现长期的偿债实力。另外，盈利能力、营运能力和纳税记录以及企业治理结构和财务管理水平也是重要的考量因素。

银行不仅要关注项目的融资贷款信用，而且要有针对性地调查客户及上下游企业的经营状况，确保银行能够收到应收账款；加强对资金回收监控和贸易融资预期的催收与转化，使银行资产风险最小；充分利用互联网技术的发展，银行应积极开设综合性的贸易融资平台，方便客户全程的查询、监控，提升了自身贸易融资效率，同时还降低了因为人工控制而造成的不规范操作的风险。

贸易融资业务流程时间长、手续多，因此通过提高互联网等新兴技术的应用，能够甄别流程中存在的系统风险。在风险评估体系方面，不仅要评估申请人信誉，还要完善对贸易融资项目风险评级的系统。同时，银行通过对贷后的客户的信用评估，还能够分析出该客户对银行产生的价值，利于以后贸易融资业务的开展。

7.4.3.2 中小企业风险防范

国内大多数中小企业管理者需要加强对资金的回收和利用，对资金的流向做合理科学的规划，提高资金的运行效率。与此同时，四川省中小酒企需强化产业升级，进一步提升川酒质量，优化企业自身的资源配置，确保日常经营活动的合法性和合理性。中小酒企也要对供应链风险有所防范，避免或减少因为企业管理不当而造成的管理风险和财务风险。四川省中小酒企的管理者应保证公司信息的真实性，配合执法机构的日常管理工作，按照法律规章制度管理公司。虽然国家和四川省政府出台并实施了针对性强的一系列中小酒企优惠政策，但中小酒企获取资金还是十分困难。企业除等待政府与金融机构的政策扶持、规范和做好自身经营管理工作以外，还需要积极面对国内融资贷款的现状，降低企业自身融资风险的同时，拓宽融资的渠道，尝试以其他方式满足企业融资需求，解决企业短期资金筹集和运用的问题。

8 互联网金融与中小酒企融合发展展望

互联网金融将会在互联网货币、移动支付以及区块链技术方面迎来新的发展机遇。互联网货币的底层技术是互联网金融与中小酒企融合发展的基础。未来，中小酒企与互联网金融合作的信息安全基石是互联网货币的底层技术。互联网金融的移动支付将是连接中小酒企线上和线下的重要平台，是中小酒企营销创新的重要基础。区块链技术是确保互联网金融安全的重要保障，是互联网金融发展的又一个风口。

8.1 互联网金融发展展望

8.1.1 互联网金融的移动支付系统

随着经济的迅猛发展、生活节奏的加快以及日常交易的日益频繁，传统的支付方式正逐步被移动支付替代，应运而生的第三方支付平台也得到了广泛的发展[①]。在过去的两年里，中国互联网支付市场呈现出快速增长的趋势。随着互联网用户在中国的规模不断扩大，电子商务的普及，尤其是互联网支付产品不断改进，越来越多的个人用户和商家在不同的领域接受网上支付。

2013 年，中国招商银行宣布成立其第一家微信银行。2016 年 7 月，工商银行宣布使用 QR 码支付产品。为了更好的发展，各大银行纷纷推出手机支付业务，不断创新自己的业务形式，加强合作，努力把移动支付业务的有利地位

---

① 颜卉，李佳倩. 基于三方博弈的第三方支付平台创新行为研究 [J]. 上海管理科学，2019，41 (4)：34-38.

通过各种形式固定下来。支付行业的不断升级，使得支付宝行业的互联网化程度加深。支付和经济进入了一个融合的新型状态。移动支付正深刻地改变着传统的支付理念和方式。

在整个金融服务体系，支付和清算是一个比较重要的环节，它直接关系到整个金融体系的运作和人们的日常生活。随着互联网支付以及移动支付迅速崛起，人民银行构建起了一系列的支付系统、银行卡清算系统以及外汇交易系统等，这些系统共同构成了现代化支付清算体系。这样，就使得大众能够享受到跨行以及跨地区资金所带来的方便，更好地服务金融服务生活。

移动支付的发展为四川中小酒企的线上和线下的融合发展提供了基础。新兴的场景式消费是四川中小酒企线上发展的突破口，而移动支付是伴随场景式消费兴起的。移动支付未来的发展是四川中小酒企与互联网金融融合发展的关键。

8.1.2 互联网金融的区块链技术

金融业的本质是承担风险，获取风险收益。风险控制是金融业的核心。因此，互联网金融公司只能存在十几年甚至几年。

所谓区块链技术（blockchain technology，BT），也被称为分布式账本技术，是一种互联网数据库技术。其特点是去中心化、公开透明，让每个人均可参与数据库记录。近两年来，区块链技术备受关注，已然成为科技界和金融圈里最热门的名字。区块链技术在金融、共享经济、物联网等方面存在很高的应用价值，成功吸引了微软、IBM、阿里巴巴、腾讯、摩根大通、纳斯达克等国内外企业巨头的关注。在业界专家看来，"区块链技术是最有潜力触发第五轮颠覆性革命浪潮的核心技术"。区块链最大的贡献是防范风险。区块链对风险的防范主要以区块链征信系统为基础，通过对征信系统的个人或企业进行详细的区分，可以划分为三类：优质类顾客（白名单）、风险类顾客（黑名单）与中间类顾客（未上榜名单）。对于白名单上的优质类顾客，互联网金融企业必定将全力为其提供金融服务，保证收益；对于黑名单上的风险类顾客，互联网金融企业必将其拒之门外，减少损失比潜在的收益更具有吸引力；对于区分中间类顾客是潜在的白名单客户还是潜在的黑名单客户则是区块链的主要任务。区块链技术将通过未上榜的潜在客户的网上日常活动进行全方位的资料收集，对其网上消费习惯、网页浏览习惯、借贷次数等方面进行筛选与分析，得出可供互联网金融企业参考的有效数据并对其进行评分，这将极大地减少互联网金融企业风险的发生，进而有效减少企业的经济损失。区块链技术具有公开透明以及可溯源等特性，以区块链技术为底层的综合金融解决方案，开启了利用数据自证信用的共享金融模式。

区块链技术的发展使得金融风险得到了控制。长期以来，中小企业的信贷风险较高，传统的金融机构并不愿意贷款给中小企业，这给中小企业的发展带来了很大的障碍。未来，区块链技术对于金融风险的防范将会更加全面。面临融资约束的四川中小酒企在区块链迅速发展的背景下可以从金融机构获得更加优质的贷款。这是因为，过去因规避风险的需要，许多金融机构并不会贷款给中小企业，而区块链的出现使得金融机构能规避部分风险，更愿意贷款给中小企业。

8.1.3 基于大数据的融资业务蓬勃发展

大数据的发展也促使基于大数据的融资业务得到了发展[①]。随着应用大数据的深入，商业银行和一些非金融机构也开始在身份识别领域探索信用评估，欺诈检测，精准营销，市场预测及操作优化，生物识别的应用中使用的大数据技术。使用的自然用户界面技术使得人机交互的客户体验更加智能，定制客户的信息显示和产品设计，并采用虚拟现实技术来整合在线和离线的虚拟现实。例如，西班牙桑坦德使用大数据技术构建 Santander Totta 资源流失模型，预测客户的需求，并采取合理的行动，提高了信用卡的成功开卡率，并将客户流失率降低 20%~25%。新加坡 DBS 银行将 ATM 使用数据及客户行为数据转化为加钞执行计划，使机器缺钞现象减少了 80%，节省了 3 万多小时的客户等待时间。互联网技术的发展大幅降低了信息不对称程度和交易成本，推动了各类网络融资公司的兴起。P2P 网络融资、众筹融资、基于票据市场的融资平台及供应链融资平台不断涌现，并都获得了爆发式增长。

互联网大数据的核心技术包括数据生成、数据采集和数据挖掘。数据采集可以通过以下三种途径获得：一是通过电子商务平台（如淘宝、天猫）、交易流程、信用信息和网络提供商的客户评估来获得；二是通过社交平台（如微博、微信、人人网）的社交圈、兴趣爱好、社会地位等来获得；三是通过消费者评论网站（如大众点评网、口碑网）来获得。数据采集是依靠日臻成熟的数据库技术、大数据存储技术、互联网数据爬取技术、搜索引擎技术，再配合网站 API 和相关方授权，使获取想要的信息变得轻松快捷。数据挖掘是指从

---

① 陈聚伟，秦建美，李英英.互联网金融发展现状及展望：基于"网贷之家"大数据分析[J].时代金融，2018（32）：393-394.

数据库的大量数据中揭示出隐含的、先前未知的并有潜在价值信息的过程，是一种决策支持过程。数据挖掘主要基于人工智能、机器学习、模式识别、统计学、数据库、可视化技术等，高度自动化地分析所获取的数据，做出归纳性的推理，并挖掘出潜在的模式，帮助决策者调整相应的策略，减少风险，做出正确决策。

8.1.4 互联网金融的新特征和面临的挑战

8.1.4.1 互联网金融的新特征

随着我国互联网技术的快速发展，金融行业已经正式开启了全新的互联网金融时代。互联网金融已经悄无声息地进入人们生活的方方面面，由于网络金融所具有的高效、便捷、精确等特点，整个金融系统都处于快速运行的状态。与此同时，互联网金融发展也面临严峻的挑战，除技术层面落后外，监管层面也存在重大问题。

（1）互联网金融的应用技术规范化、标准化。

目前，大部分金融业务是通过互联网完成的，包括网上银行、第三方支付以及在线金融交易。金融系统平台的开发和利用时间太仓促，缺乏足够的测试时间，系统的不完善往往导致客户的隐私泄露。因此，有必要规范和建立网络财务统一的安全标准。

（2）网络金融技术人才缺乏。

随着互联网金融业务的不断发展，需要更多的技术人员指导客户网上融资。

对于从事金融业的工作人员来说，提升互联网应用能力是势在必行的。解决这个问题首先要做到以下几点：一是要积极开展金融机构人员的培训。除此之外，对于科研力度的加大也是不容忽视的，要多引进科技型复合人才。二是要加快互联网金融知识的传播。未来互联网金融的发展知识依然是根本生产力，因此金融机构应根据金融网络化的发展需要建立知识储备库，并且不断进行更新，以期跟上整个金融界的迅猛发展的步伐。

（3）互联网金融安全问题亟待解决。

金融机构泄露信息事件的不断重演，很大程度上表明这不再是一个能够忽视的问题，而是一个需要各方面都重视起来的问题。当互联网金融机构拥有足够多的网络用户，或者机构整个资金规模已经达到一定的级别，一旦出现问题，即使是市场出清也不能去解决这样大规模的问题。同时，我国的互联网金融体系还处于快速发展膨胀阶段，各种网络金融工具良莠不齐，市场监管体制还未成熟,监管力度也跟不上,整个互联网金融的发展依然处于牵一发而动全身的形势之中。在这种情况下,加强互联网金融的监管显得尤为重要。互联网金融监管分为两方面:一是金融,二是互联网。首先,金融机构应该加强自律,严格遵守法律法规,坚持职业操守;其次,互联网金融系统也要不定期进行维护和排查,及时发现安全漏洞,确保在技术层面不出现问题,加强客户隐私的安全保护。当然,政府方面也应采取适当措施,向普通群众宣传有关金融方面的网络安全知识等,帮助互联网金融全体使用者树立风险观念和安全意识。

(4) 互联网金融业务竞争更趋激烈。

目前,技术比较成熟的有网上银行支付、网上融资业务等。面对庞大的客户群,各机构、各平台都在不断研发更多的互联网金融产品,以争取在这个发展前景良好的产业中占有一席之地。因此,客户的消费习惯和模式发生了极大改变,互联网金融的目标客户群日益壮大。

8.1.4.2 互联网金融面临的挑战

随着网上银行的发展,多维信息呈现非线性增长,信息数据的存储也从服务器向云平台转移,交易数据、业务数据和用户信息,使得云平台容易变成网络攻击的潜在目标。与此同时,云平台现有的用户数据泄漏、虚拟化、应用程序和接口的安全性差,数据和信息处理的跨境流动,互联网金融企业面临更加复杂的技术损失。

近年来,虽然一些金融法律已经出台,但一些互联网金融产品,特别是P2P网络贷款产品都在监管之外。由于相关法律缺失,以致容易出现问题。

8.2 中小酒企的现有困境和发展展望

8.2.1 中小酒企的现有困境

8.2.1.1 政策制约

改革开放以前,中小型白酒企业在项目立项和税收征管方面没有优势。在市场经济的逐步发展过程中,中小型白酒企业迅速进入城乡市场。然而,随着市场经济体制的逐步完善,大型白酒企业发展迅速,中小型白酒企业已经进入一个不利的位置。在国家产业政策的约束下,中小白酒企业靠机制灵活等方式生存艰难。

8.2.1.2 同质化严重

据不完全统计，我国白酒企业已经达到 4 万余家，年产量已经突破千万吨，达到世界年产量的 40% 左右。虽然市场上白酒企业众多，但是大多数企业的产品相互模仿，从产品设计、营销方式、广告宣传等都大同小异，产品同质化现象严重，形成了现在白酒"同结构、同等级、同质化"的市场，消费者对于中低端白酒品牌的认知度不够。

8.2.1.3 对外部发展环境变化难以把握

国家经济发展政策、行业产业发展政策、行业产品市场变化、竞争对象战略、金融机构、相关法律法规等都是中小白酒企业所要面对的外部环境。多数中小企业未建立企业的外部应对战略决策机构，一旦外部环境发生变化，企业难以在较短的时间内做出正确的决策和采取正确的措施，从而影响其发展。

8.2.1.4 小区域酒企板块整体性沉没中

小区域酒企在全国范围内均有广泛分布，较集中区域为山东、四川、贵州、河北、河南及东北大部分区域。目前，发展得较好的仍然是山东和四川地区的小区域酒企。山东消费者对本地品牌的忠诚度仍然比较高，以喝地产酒为荣。其中，消费者普遍认为川酒质量好、品质上乘，其仍然以原酒输出为主，瓶装酒输出低端化现象并没有得到明显改善。其他板块的小区域酒企仍然多为品牌无序化、产品同质化、价值低端化等状态。湖北板块或将进一步沦陷。2017 年茅台酱香酒将湖北设为重点培养市场，洋河酒将在湖北推行"新全国化运动"，川酒龙头企业东征站必争两湖，徽酒团实现环安徽战场必定再取湖北，而湖北酒企交椅之争尚未决出，诸多区域酒企仍然各自为政，区域生存空间或将进一步受到挤压。

8.2.2 中小酒企的发展展望

白酒业产业集中化发展是未来白酒企业发展的趋势。2017 年，全国规模以上白酒企业有 1 593 家，2018 年减少到 1 442 家。这表明，中小酒企的生存空间正在被逐渐压缩。如何在维持生存的同时谋求发展，成了诸多中小酒企亟待解决的问题。

白酒行业两极分化的趋势更加明显，目前行业复苏态势并未给中小酒企带来更多暖意，生存依然艰难。高库存且销售缓慢，导致流动资金匮乏；同时，当地银行的抽贷让原本就岌岌可危的酒企资金链吃紧，也无力安排生产。例如，2012—2013 年，习水县当地中小酒厂纷纷扩建，并投入大量资金生产基酒，多数是向银行借贷。按照酱香型白酒的生产规律，基酒至少要存放 3 年才可以使用，但银行贷款多数以 1~2 年期为主。以往可以用新酒充当抵押物，但从行业深度调整开始，银行就开始抽贷，没还清贷款前新酒不能做抵押，导致很多企业的酒还没酿出来就要还贷，有的不得不高息借贷去还。不只是习酒，在本轮行业弱复苏过程中，名白酒企业复苏明显。尤其是 2016 年以来，茅台、五粮液、泸州老窖等国内主要的名白酒企业率先回暖，两极分化的趋势更加明显。目前，随着消费主体的变化，白酒市场生态发生了巨变。在限制"三公"消费之前，酒厂销售多依仗关系销售，尤其是中小酒企大部分产能通过特供、内供以及关系销售的灰色利益链的方式消化掉。而随着消费主体转向一般消费者，品牌成为第一考虑，因此茅台、五粮液、泸州老窖等名酒涨价之后依然卖得很好。目前，国内白酒行业产能过剩，供过于求，因此本质是大家在靠品牌、服务、品质、商业模式抢市场，谁落后就会被淘汰。

2016 年，中高端白酒逐步复苏，消费者对品牌和产品的认可度更高，中低端白酒的市场份额提升缓慢。白酒行业最终会和啤酒行业相似，从每个县都有酒厂，到最终大品牌占据主要的市场份额。被并购是一条出路。2016 年，白酒行业并购不断，如洋河股份收购了贵酒、古井贡酒控股湖北名酒企业黄鹤楼酒业、五粮液收购山东古贝春酒业 51% 的股权等。下一轮并购或率先从区域酒厂展开。一方面，酒的消费税、增值税是向企业所在地缴纳，因此从税收、解决就业和扶持关联产业的角度，地方政府一般会给本地区域酒企更多支持；另一方面，未来各地表现出色的区域酒厂可能会并购同区域的酒厂，可能会诞生一批区域名酒企业和全国性名酒企业对抗。但并不是所有的中小酒企都适合兼并重组，部分中小酒厂债务复杂、库存情况不明。随着产业集中度的进一步提升，中小酒厂将逐渐被边缘化，品质不稳定、管理粗放落后的小酒厂难逃停产被淘汰的命运。未来中小酒厂必须做出选择，要么做好基酒成为原酒的供应商；要么向酒庄、旅游等个性化发展，寻求新的机会。

太原酒厂是太原市的唯一一家专业酿酒的"中华老字号"国有企业，始建于 1950 年，在近 70 年的发展过程中，不断引进新工艺，研发新产品。目前，太原酒厂的白酒产品已经从刚开始的单一散装高粱白酒，发展到多品牌、多品种、多系列的产品：有白酒、黄酒、果露酒、配制酒 4 大类型；有"晋""晋泉""晋祠""晋府""傅山" 5 大品牌系列，上百个花色品种；有清香型白酒（晋泉牌、晋府牌等）、兼香型白酒（晋祠牌等）和浓香型白酒（晋泉红酒等），以清香型白酒为主。截至 2009 年年底，该厂拥有原酒酿造基地 3 座，大型现代化散酒库 2 座，原酒年生产能力和散酒贮存能力达 5 000 吨，总资产达到 1.28 亿元。到 2010 年太原酒厂的产品市场包括省内的 112 个县区以及北京、上海、河北、河南、山东、湖南、内蒙古、天津、辽宁等省（自治区、直辖市）。1995年是该厂发展的高峰，之后在强手林立的白酒行业中产量和销量逐步下滑，如今已是举步维艰。

（1）行业内企业间的竞争。

竞争对手之间的激烈竞争会使整个行业的获利空间变小。我国白酒行业在经过高速发展之后，现在已经进入平稳发展整合期。山西省的白酒产品以清香型为主，销量之王当属汾酒，其年销售额已突破100亿元。目前，山西省内有90多家白酒企业，品种达上百种，除一枝独秀的汾酒集团外，具备一定规模的还有梨花村酒业、汾阳王酒业、太原酒厂等。但是，除汾酒外，在全国范围内能叫得响的品牌少之又少，且大部分白酒企业的产品主要在省内市场销售，大多数处于中低档水平。与全国其他地区情况相似，山西省白酒市场的90%都被本地所产白酒占领，外省的茅台、五粮液、剑南春、泸州老窖等少数知名品牌占有一定份额。太原酒厂在省内的竞争者主要是汾阳王、仙竹酒业、梨花春等。由于战略定位基本相似，缺乏系统的战略规划和品牌设计，大多数酒企在"损敌一千，自损八百"的竞争中苦苦挣扎。太原酒厂大部分产品属于中低档酒品，其主打产品为"晋泉牌"高粱白酒，主要销售区域集中在太原市。近年来，太原酒厂逐步打开了河北、河南、山东等周边市场，但是也暴露出一些问题。比如，在向区域外扩张时，产品质量稳定性、物流管理、内部管理效率、品牌延伸张力、市场推广水平及经销商管理能力等方面的不足凸显出来。又如，太原酒厂缺乏品牌意识，企业不愿或无力投入资金做营销宣传。

（2）潜在进入者的威胁。

白酒行业的规模经济程度较低，酿造技术的门槛较低，中低端白酒的差异化水平较低。前几年的行业高利润，吸引了众多投资者纷纷进入白酒行业。与此同时，大型酒企将产品重点放在了中高档白酒市场，从而给一些中小企业进入中低档酒的市场留出了空间，白酒行业的企业数量增加，竞争加剧。在白酒市场上，除一些大型企业借助自身雄厚的实力打造自己的特色产品外，众多中小酒企受资源与能力所限，较难开发出差异化的产品，而是依靠模仿来维持生存，同质化竞争严重。太原酒厂的白酒只有21.2%属于高档酒，中低端产品的差异化程度不高。随着省内外消费者的消费理念渐趋成熟，偏好、情感的门槛阻力越来越小，这对新进入者而言算不上实质性的威胁。太原酒厂的产品研发投入不够，管理水平不够高，品牌知名度不高，售后服务不具备优势，与经销商的合作关系不够密切，且酒厂的假冒伪劣产品屡屡出现，也说明其酿酒工艺不具独特性，不能有效阻止潜在力量的进入。

（3）替代品的威胁。

由于受传统文化与习俗的影响，在招待亲朋、喝酒助兴等场合中，尽管啤酒、葡萄酒、黄酒、洋酒等产品的比例在不断提高，但仍以白酒为主。随着生活水平的提高，消费者的消费观念发生了很大的变化，保健意识、品牌意识逐渐增强，理性饮酒、健康饮酒的理念逐步强化，对个性化、功能性白酒的需求加大。在消费市场上，白酒的生存空间受到啤酒、葡萄酒、烈性洋酒的挤压，在宴会餐桌上，多种酒类共存。未来白酒产量占整个饮料酒总产量的比重会逐年下降，而这对中低端白酒的替代品的威胁最大。因为高端白酒已不仅仅是一种酒饮料，更蕴含了深厚的文化，具有收藏价值等附加功能，其面临替代品的威胁压力略小。太原酒厂除生产口味独特的高粱白酒、晋泉佳酿等外，还有香酒、玫瑰山楂酒、黄桂陈酿、黄酒、山西杏花村喜酒等功能型酒。这些酒有的含有人体所需要的特种氨基酸、维生素，有的气味独特，可以延缓衰老，有的可以养血、静气、消食，对高血压等疾病有治疗功效。但是，一些功能型饮料、黄酒、功能型葡萄酒及红酒，对该厂的这些功能型酒有很强的替代作用。

（4）供方议价能力。

强势的供应商可以通过提高产品的价格、降低产品质量或服务标准，或者将成本转嫁给产业链的某个下游企业，对其施压，从而获取更大的价值。白酒行业的供方，即其产业链的上游相关产业包括农业、包装业、印刷业、机械设备业、运输业等。根据买方的差异性，白酒业的供方通常被划分为高端资源供应商和一般资源供应商。前者的主要服务对象是高端白酒企业，后者则服务于数量众多的中低端白酒企业。

太原酒厂的供应商主要是一般资源供应商。这类供应商与高端资源供应商比较而言，技术含量不高，企业数量众多，彼此替代性很强。中小酒企对成本上涨的消化能力不如大型酒企，对成本的变动、价格的变化异常敏感。因此，中小酒企对此类资源供应商的讨价还价能力处于强势地位。太原酒厂所需的高粱等粮食作物供不应求、价格上涨，优质产区减少，粮食成本逐渐提高，这对白酒的产量和质量造成不利影响。

（5）买方议价能力。

强势的买方，采取压低价格、要求酒企提高质量或提供更多服务等方式，将会削弱白酒行业的获利能力。白酒企业的买方一类是白酒经销商，即大宗商品购买者，如糖酒公司、大型超市、百货公司等。他们的购买量大，且对终端客户的购买决策影响很大，因此其具有较强的讨价还价能力。另一类则是终端客户，包括团购顾客和普通顾客。对团购顾客来说，虽然采购量大，但由于信息获取上的弱势，其讨价还价能力低于经销商。由于白酒行业供过于求，白酒企业尤其是绝大多数非名牌中小型白酒企业在与普通消费者的讨价还价方面整体上处于劣势地位。太原酒厂的产品大多是中低档次产品，竞争性产品很多，还存在啤酒、红酒、洋酒等替代品，并且其消费群体为中低收入人群，多为个人消费，对价格非常敏感。因此，在中低端白酒市场上太原酒厂的买方的议价能力比较强，消费者对产品价格较为敏感，太原酒厂很难提价，获利有限。高端白酒主要以健康理念为主题，具有一定的稀缺性。在高端白酒市场上太原酒厂的自主提价能力比较强，消费者对产品价格的敏感性、议价能力都很弱。运用波特五力模型的分析可以得出，地方中小酒企面临的竞争是比较激烈的。高端产品的定制化要求使得供应商的讨价还价能力比较强，消费者消费理念的改变，使得替代品带来的威胁越来越大。随着白酒产量不断增加，市场逐步走向饱和状态，消费者可选择的产品越来越多，除极个别的白酒产品外，消费者的讨价还价能力不断提高。由于技术、资本等门槛较低，中低端白酒市场的新进入者层出不穷。更重要的是，行业内部现有的竞争者都开始研发具有特殊功能的差异化产品，越来越多的白酒企业着力打造企业和产品的文化内涵，大量资本进入使得白酒行业产生价格虚高、虚假繁荣的现象。在营销手段多样化、网络化的环境下，地方中小酒企要扩大企业规模，维持生存获得利润，稳定现有市场份额，积极拓展新市场，必须采取正确而有效的应对措施。

8.3 互联网金融和中小酒企融合发展展望

8.3.1 互联网金融和中小酒企融合发展在市场营销上的拓展

中国白酒企业的市场营销理念萌芽、发端始于20世纪90年代。1992年，党的十四大提出发展社会主义市场经济，全国的白酒企业也是从那时开始，跳出白酒国营计划经济和老糖酒公司专营专销的模式，相继步入市场化经济大潮之中。

营销管理学大师菲利普·科特勒在20世纪60年代为市场营销下的定义是：市场营销是个人和集体通过创造产品和价值，并同别人自由交换产品和价值，来获得其所需所欲之物的一种社会和管理过程。科特勒的定义强调了营销的价值导向，把"通过交换满足消费者需求的过程"称作营销。市场营销本身是一个动态的过程组成，营销要素的构成始终围绕"产品""价格""渠道""促销"的4P理论模型展开。下面我们就从这四个方面去深度剖析中国白酒企业的营销 4P 策略。

8.3.1.1　产品策略

（1）单品策略。

1952—1989 年，全国共进行了五次国家级的名酒评选活动。1952 年，第一届全国评酒会评出了茅台酒、汾酒、泸州大曲酒、西凤酒四大名酒；第二、第三届全国评酒会都相继评出 8 种名酒，第四届全国评酒会评出 13 种名酒，第五届全国评酒会评出 17 种名酒。这五届全国评酒会评出的多款中国名酒，可以说基本奠定了中国白酒行业的品牌和产品格局。在单品策略下，一种产品代表的是一家酒厂，一家酒厂也主要依靠一种产品立足；例如，茅台酒厂的 53 度飞天茅台，泸州老窖酒厂的 52 度泸州老窖特曲酒，五粮液酒厂的 52 度水晶瓶五粮液，剑南春酒厂的 52 度水晶瓶剑南春，等等。大型酒企由于规模比较大，财力比较雄厚，善于利用展销会和名酒会推销自己的酒类产品。而中小企业自身财力有限，无法支持其宣传费用，即使在展销会上出现了中小酒企，其影响力也十分有限。同时，单品制胜法则也不太适合中小酒企。单品制胜法则需要大量的资金投入宣传，而这一点正好是中小企业最大的劣势。

（2）产品系列化策略。

目前，除单品制胜策略之外，在白酒行业内更加盛行的是产品系列化策略。这样的系列化产品通常是主品牌一致，多种产品根据价格定位不同进行差异化的概念分级。如我们所熟知的洋河蓝色经典，主品牌是"洋河蓝色经典"，在主品牌之下从低到高又分为海之蓝、天之蓝、梦之蓝。产品系列化策略也需要大量的资金投入。产品系列化策略的产品研发费用、市场营销费用以及其他费用投入较多，且无法快速回笼资金，这对中小酒企将是一个巨大的风险隐患。因此，在实际操作中，中小酒企很少采取这种方式营销。

8.3.1.2　价格策略

白酒本身是农产品深加工行业，但是与一般的深加工农产品不同的是，白酒由于有各种工艺、香型、年份、贮藏、产地等的差异，让白酒产品本身拥有极高的产品附加价值。白酒的定价，需要综合考虑的因素众多，如白酒的品牌、按照国家标准划分的酒体等级、产品的储藏年份、各种陈年基酒和调味酒使用的比例、产品的包装、仓储物流成本、市场消费需求的不同场景（送礼、宴请、自饮等）等，都会决定一瓶酒究竟应该定在什么价位上。现阶段，整个白酒行业的价格区间已经形成具有特定参考意义的定价格局。高端白酒主要参考四个标杆：茅台是白酒的价格标杆，每瓶价格为 1 800 元左右；五粮液每瓶价格为 1 000 元左右，国窖 1573 和郎酒的青花郎每瓶价格为 800 元左右。

次高端白酒主要参考标杆：川酒三朵金花（剑南春、水井坊、舍得）牢牢占据并牵引300~600元次高端价位。中高端白酒主要参考标杆：以全国各个区域上的省级龙头企业为标杆，如安徽的古井、口子窖，河北的衡水老白干，湖北的白云边，江苏的今世缘，等等。中低端白酒参考标杆：以白酒企业所在地在100元以下畅销的品牌和产品为标杆。此类营销策略是中小酒企营销的主要手段。

8.3.1.3 渠道策略

渠道策略分为三种主流模式：一是总经销制。企业在各个区域单位内，招募产品总经销，由总经销商在区域内全权负责某品牌产品的市场布局、产品销售、售后服务工作。二是厂商"1+1"模式。厂家在每个层级总经销体制下，派驻厂方业务人员，帮助经销商在区域内对核心终端和零售网点、团购客户的深度协销机制。三是厂家直控分销模式。厂家在大本营市场、核心市场以及团购单位、线上销售直接导入厂方团队开展直营销售模式，在非重点、非核心区域导入经销代理模式。白酒企业的经销网络健全后，通常会深耕两块：一是核心终端。白酒的零售终端包括烟酒店终端、酒店终端、商超系统、电商和团购单位五种主流类型。二是核心消费者，找到白酒的核心消费人群，围绕消费者进行全方位、深黏性的品牌体验和饮用培育。在产品分销体系构建过程中，还有一项内容就是分利。参与产品销售的各个层级，包括经销商、分销商、批发商、终端商甚至到消费者，各个层级都需要有合理的利润分配。返利（年返、季返、月返）、产品进货搭赠，阶段性的进货促销奖励，陈列费、门头费、广告宣传费、促销费、品鉴费用等项目类型，都是白酒企业不同于其他消费品行业衍生出的特殊费用支持类型。

8.3.1.4 促销策略

白酒作为消费品，与一般消费品的显著差异在于，从产品品质本身而言，并不会像饮料、日用品等，在品质、口感上有明显差异。白酒的产品差异，除包装之外，更重要的是内在口感、品质，是需要有专业人员不断地去向消费者引导才能够被放大和感知出来的。如今，白酒的促销，除前述的纯促销、满减形式以外，场景化的一桌式品鉴会，消费者回厂游，核心消费者赠酒，目标消费者的品牌社群打造等形式，已经被越来越多的酒企接受和应用。

互联网营销也称为网络营销，是指以国际互联网络为基础，利用数字化的信息和网络媒体的交互性来实现营销目标的一种新型的市场营销方式。这一全新的营销方式改造了传统的营销方式，使得传统的营销方式变得焕然一新。

在很长的一段时间内，中小酒企无法对接互联网营销，使得中小企业的营销变得更加困难。四川中小酒企可以借助酒企集中地，创办旅游区，借助酒文化，创办文化产品，与旅游业、文化产业融合发展。在这一过程中，互联网金融可以利用掌握的互联网资源帮助中小酒企实现融合发展，其中特别重要的是对于旅游业、文化产业的市场营销。旅游业和文化产业需要占有大量的市场营销资源。在实体市场中，市场营销需要大量资金来支撑，但在互联网世界中，互联网营销的边际成本可以忽略不计。这是互联网金融赋予四川中小酒企的巨大优势。

8.3.2　互联网金融和中小酒企融合发展在企业融资上的拓展

互联网惠普金融出现之前，由信息不对称问题带来的融资约束使得中小企业获贷艰难，加之企业内部资金供给不足，企业投资倾向略显保守。Modigliani 和 Miller（1958）[1] 的有效市场假说曾指出，当企业内外部融资成本一致时并不会出现融资约束问题，但现实资本市场并不能满足有效市场假说的假设条件，因此，信用不对称问题将提高企业融资的交易成本，高昂的成本又进一步导致无法避免的融资约束[2]。此外，信息不对称也是商业银行拒绝中小企业信贷业务的一个重要原因[3]。在缺乏信贷支持的情况下，中小企业会在投资决策上较为保守，投资的积极性受挫。在投资积极性受挫的情况下，中小企业的未来发展将会变得更加不明朗。但是，互联网金融的出现使得中小企业的融资约束在一定程度上得到缓解。

互联网普惠金融的出现在一定程度上解决了中小企业因信息不对称而导致的融资约束问题[4]。通常来讲，互联网普惠金融包括两个部分，即互联网金融和普惠金融，而普惠金融的概念于 2005 年被首次提出，其含义是让每一个具备金融需求的个体都能以适当的价格享受到金融服务，消除贫困，促进经济增长，实现包容性社会的功能。赵子依和张馨月（2018）通过构建互联网金融发展指标体系进行实证研究发现，互联网普惠金融确实能够在一定程度上解决

---

[1]　MODIGLIANI F, MILLER M H. The cost of capital, corporation finance, and the theory of investment: Reply [J]. American economic review, 1959, 49 (4): 655-669.

[2]　MYERS S C, MAJLUF N S. Corporate financing and investment decisions when firms have information that investors do not have [J]. Social science electronic publishing, 1984, 13 (2): 187-221.

[3]　ARROW K J. Collected papers of Kenneth J Arrow-the economics of information V4 [J]. Journal of the American society for information science, 1984, 23 (4): 281-283.

[4]　王天捷, 张贻理. 基于互联网金融模式的中小企业融资问题研究 [J]. 中国市场, 2013 (45).

企业"融资难"的问题①。Sarma（2010）的研究也表明，中小企业的投资积极性随着金融普惠程度的提高而愈发积极②。中小酒企作为中小企业的重要组成部分，同样需要借助互联网金融来解决自身的融资约束问题。中小酒企在与互联网金融的融合发展过程中，积极拓展与互联网金融的合作空间，利用互联网金融的优势来解决融资约束问题。

8.3.3　川酒产业互联网金融与文化和旅游产业融合

8.3.3.1　必要性

近几年，工业文化旅游在全国发展迅速，但是起步晚、基础薄，发展不平衡不充分的问题仍然突出存在。但我们应该看到，工业文化旅游从一开始就带有创意基因。工业文化旅游是业态新、模式新、产品新、理念新，从萌发到成长，始终以创新为发展重点。而且川府酒乡文化旅游资源带是由川酒发祥地演变而成的，构成了"U"字形分布，因而四川酒乡文化旅游资源是比较丰富的，这为四川省中小酒企文化旅游发展奠定了基础。

同时，产业互联网金融平台建设给互联网旅游产业发展提供了更多渠道。可以按照前文对中小酒企的融资方式，利用产业互联网金融平台为旅游文化产业建设提供融资平台、宣传渠道等。

国家和地方政府也为产业旅游园区建设提供了政策上的支持。2014年，《国务院关于促进旅游业改革发展的若干意见》提出，推动旅游业发展与新型工业化相结合；2016年11月，国家旅游局发布了《国家级工业旅游区（点）规范与评定》行业标准以及《全国工业旅游发展纲要（2016—2025年）》，这成为我国城乡旅游业升级转型的重要战略支点；2017年，国家旅游局发布了《全国工业旅游创新发展三年行动方案（2018—2020）》提出，计划到2020年，全国工业旅游新增游客1亿人次，新增工业旅游收入100亿元，培育100家工业旅游示范基地、工业遗产旅游基地等示范品牌单位。所以，四川省旅游产业与中小酒企融合发展成为四川省振兴酒产业可以实施的路径之一。

8.3.3.2　旅游业与工业融合发展案例

2017年，国家旅游局发布《国家工业旅游示范基地规范与评价标准》，经各地区推荐和考察选取、全国旅游资源规划开发质量评定委员会专家组评定，

---

① 赵子铱，张馨月. 互联网金融发展能缓解中小企业的融资约束吗？[J]. 东岳论丛，2018，39（10）.

② SARMA M, PAIS J. Financial inclusion and development [J]. Journal of international development，2011（1）：613-628.

拟推出 10 个国家工业旅游示范基地。其中，山东省烟台张裕葡萄酒文化旅游区将工业文化、历史文化和葡萄酒文化进行了完美结合，由以下三大景区组成：一是张裕酒文化博物馆景区，二是张裕国际葡萄酒城之窗景区（含张裕卡斯特酒庄），三是张裕国际葡萄酒城景区。江苏省苏州隆力奇养生小镇以隆力奇产业为依托，发展美丽健康产业和工业旅游，弘扬中国养生文化。该小镇内建有集工业 4.0 智能化工厂、东方蛇园、"江南奇兵"训练场、有机农场、真武观、东方红木馆、主题酒店、特色餐厅等业态为一体的、围绕健康、养生为主题的景点及体验区。福建省漳州片仔癀中药工业园立足中药做精中药，打造以传统中药生产为核心，以中药文化传播、片仔癀品牌展示、产品推介、现场体验有机结合，是集特色中药生产、创新研发、研学旅游和中药体验为一体的工业园区。

在省外除山东省烟台张裕葡萄酒文化旅游区外，还有一些发展特色酒文化旅游的例子。如山西省的杏花村酒业集群共有酿酒企业 50 家，其中具有一定规模的白酒企业约有 10 家。部分中小酒企在拥有独立的销售体系的基础上还发展了特色酒文化旅游。杏花村中小型酒企的根植性较强，原料主要从当地采购，包材、灌装等由当地辅助企业提供。地理条件的优越保证了杏花村酒业集群酿酒用水的优质性，空间距离的临近，使白酒的传统酿造技术知识得到集中和外溢。诗人杜牧的千古名句成了"杏花村"文化旅游产业招牌的集体记忆、精神地标，同时也成就了杏花村汾酒在中国白酒史上的历史地位。6 000 年的酿酒史，1 500 年的名酒史，800 年的蒸馏酒史，300 年的品牌史，凭借着无可比拟的厚重文化底蕴，杏花村规划建成了世界酒文化主题公园、酒文化风情街、酒文化生态园等旅游基础设施。同时，杏花村镇积极发展"互联网+"项目，以酒类销售为基础，发展了 650 余家电子商务经销商，成为全省最大的电商聚集地。

8.3.3.3 实施路径

四川省中小酒企产业园区发展旅游产业融合需要利用互联网金融平台，发挥政府是旅游产业融资主体的优势，争取国家和四川省的支持。同时，企业旅游线路组织者、旅行团可以在该平台上进行互联网销售和运营，终端游客也可以在互联网平台上进行旅游线路选择和了解川酒企业文化等操作。

此外，四川省中小酒企应该打造较高历史文化价值、观赏价值和科普价值的旅游产品。酒企旅游产业园区里面的旅游产品应主题鲜明，具有一定的独创性。酒企旅游产业园需整合四川省具有鲜明地方特色的历史文化资源。川酒可以利用以高洲为代表的一批原酒企业，形成川西原酒与川南原酒两个集群的历史，采用制作"体验+文化感悟"双线发展路线，以体验川酒文化为出发点，以川酒历史发展为项目体验思路，让游客亲身进入川酒制造间尝试制作酒，并在制作过程中感悟川酒文化和发展历史。同时，四川省中小酒企与旅游产业融合，产业园区应该提供较高水准的旅游设施与服务。"U"字形分布集群化酒企发展应根据四川省酒业发展的历史文化、产业形式和产业园区价值主体，确立旅游设施建设风格和类型。加大酒企产业旅游园区媒体宣传，与旅行社合作，打造一条川酒黄金产业旅游路线。

四川省中小酒企打造旅游产业园区宜具有吸引力较强的体验性、参与性项目，游览线路应对工业生产、工艺流程、建筑景观、科技成果、工业遗产等内容充分展示等。作为全国最大的白酒基酒生产基地，国内白酒市场有60%以上的原酒都来自四川。旅游参观应以原酒在四川的制作生产流程为明线，以川酒科技展示为暗线，为他们细心讲解川酒的制作工序和制作原理，目的是让游客更好地体验川酒文化。游览线路应以上述川酒企业生产工艺流程为主，让游客入驻车间，感受川酒制作工艺和酿造技术。

互联网金融的快速发展为解决四川中小酒企发展遇到的问题提供了新的解决渠道。中小企业的融资约束一直是中国经济的老大难问题。目前，各级政府和金融机构在探索各种各样的方法，试图去解决中小企业的融资约束问题。但是，中小企业的融资约束却没有得到明显改善。究其根本原因，是信息不对称引发的逆向选择和道德风险问题。互联网金融最大的优势是解决信贷的信息不对称问题。因而融资信贷是互联网金融和四川中小酒企融合发展的重要领域。除此之外，互联网营销也是互联网金融和四川中小酒企合作的重点领域。应当说，互联网金融和四川中小酒企的合作领域是非常广阔的。